いい女.bot
ionnna.bot

いい女.love

いい恋愛をする
たったひとつの条件

ダイヤモンド社

はじめに

人生をより楽しく幸せに、そして人生をより深くしていく

オーストリアの精神科医で心理学者のアルフレッド・アドラーは言いました。

「あらゆる悩みは人間関係から生じる」と。

人間関係とは、家族や学校、職場、そして、恋人です。

本書ではそんな人間関係の中の、特に男女の「恋愛」についてお伝えします。

女性が感じる悩みを言葉にし、ツイッターで共感を得たリアルな知見をもって、実際に起こりうる小さな悩みを解決していく一冊です。

いい女.bot（@ionnabot）のフォロワーは現在約31万人。フォロワーさんに100人のフォロワーがいるとして、ひとり一回リツイートしたと換算すれば、3100万人の目に触れていることになります。

botというかたちで公式アカウントになったのは、「いい女.bot」が日本で

初めてで、認証バッジ（アカウント名の隣に青に白抜きのチェックマーク）も付いています。それで本物であることを証明できます。コピーやなりすましが多いからこそのシステムですね。

私もインフルエンサーのひとりとして、ソフトバンクさんやロッテさんのPR広告や、ディズニーさんとのコラボ商品にも携わりました。

そもそも私は、「どうすればいい女になれるんだろうか？」と考えながら、約6年間、言葉を紡いできました。だからきっと皆さんよりも少し多く、「どんな女がいい女なのか」を考える時間に費やしているはずです。

そんないい女研究をしてきた私が思ういい女について本書で取り上げています。

なかでも、皆さんが一番関心の高い恋愛のみをテーマにしています。

恋愛において、上手くいく条件は、たったひとつです。それは、女性というパズルと、男性というパズルを上手くはめること。たったそれだけなのです。

上手にパズルをはめるために、男女の生態を理解することが必要です。違いを知っていれば、上手に伝えることができるのです。男女の違いを知ることは、ゲームのルールを知ることと同じようなことなのです。

かつて私は、人間の心理について勉強した時期がありました。

たとえば、「女性は現実的、男性は理想的」という男女の差があります。そのため、女性は具体的に褒められたほうがよく、男性は理想の状態を褒められるほうがよいのです。

女性は「クラスの中で一番可愛い」「チームの中で一番優しい」と、現実的に受け入れられる規模で比較されるほうが嬉しいですし、男性は「誰よりもカッコいい」「世界一頭いいよ！」と言われるほうが嬉しいのです。

だからこそ、いい女は誰とも比べないで理想の彼を褒められるのです。そして、いい男は具体的にわかるように上手に比べてくれるというわけです。

本書では、いい女いい男について、「こんなふうにいられたら男性にとってのいい女」、そして、「そんなふうにできたら女性にとってのいい男」という目線で書いています。

ここで取り上げた話は、私のフォロワーさんが多く悩む問題でもあります。たくさんの相談を受けるなかでいただいた、リアルな質問がもとになっています。

つまり、一般の女性がたくさん共感した問題のひとつと言えるでしょう。

私は、小さなツイッターという世界だけで活動していますが、本書は、そんな女性の気持ちから共感を得ることだけを考えて、6年間動いてきた私がお伝えする、女性目線の恋愛本になります。男性の権威ある研究者が書く恋愛本ではないけれど、きっと鮮度のある女性の気持ちをお伝えできるはずです。

人生をより楽しく幸せに、そして人生をより深くしていくうえで、恋愛は必要不可欠なもの。そして、「私には恋愛は必要ない！」なんて思っていても、突然恋に落ちることだってあるのです。

付き合うってことは楽しいことばかりではありませんし、弱い自分に向き合うこと、とも言えるかもしれません。

もしも恋愛で悩んだときに、解決のためのひとつの案として、この本を使ってみてください。今は悩みがないという人も、本棚の片隅に潜ませておいてみてください。いつか役立つときが来るはずです。

本書は男性でも読める一冊になっています。彼女の気持ちがわからないとき、今、彼女はどんな感情なのか、紐解くためにご活用ください。

そして、男性に対して「こうあってほしい」という女性目線でのいい男像にも触れています。男性が考えるいい男と、女性が考えるいい男は意外と乖離がありますが、皆さんならどう感じるでしょうか。

この本は、恋愛ステージに合わせて、章を分けているので、恋愛中の人は自分の恋愛ステージに合った章から読むことをお勧めします。片想い中、あるいはこれからの人は恋愛する女性がどんなことに悩んだかを先に知っておいて、悩みを予防するためにも読んでみてください。

いい恋愛関係、いい恋愛時間を過ごすために活用してくださいね。

いい女.love いい恋愛をするたったひとつの条件

Contents

第2章

幸せに気づく
——大好きな人と楽しく過ごす

第3章

絆を強くする

——恋の処方せんで愛を紡ぐ

第4章

相手を想う
――いつまでもずっと一緒にいるために……

カリグラフィ● silvermushroom / Semiletava Hanna / Shutterstock

第*1*章

自然に魅せる

気になる人に
好きになってもらう

いい女は知識が広い いい男は知識が深い

「憧れの人と付き合いたいなぁ」と言っている人がいました。自分の手の届かないと思っていた人と付き合えたらどんなにいいだろう。そう思うことは誰にだってあるでしょう。

では、想像してみてください。自分がすごく憧れている人、手が届かないと思っていためちゃくちゃ人気者と付き合えることになったとしましょう。あなたなら、誰と付き合いたいですか？　有名人、セレブ、知識人、もしかしたら石油王の人もいるかもしれません。

二人でいるのが夢のような時間で、「幸せの絶頂！　生きてて本当によかった!!」

と思えるでしょう。いろいろな人に自慢して、お母さんに報告して、「夢かもしれない！」なんて叫んでいるかも……。

でも、次に起こることは、「あれ？　私たち感覚全然違くない？」ということ。冷静になって、相手と自分の差を感じ始めるのです。

考え方や生きてきた道のり、人脈や感覚が違って、だんだんと自分に自信がなくなり、自分は相手にふさわしくないのではないかと悩み始めるはずです。

たとえば、「今日、赤西仁と山Pと飲みなんだけど一緒に来る？」と、言われたとしたら、「私なんかが行っていいのだろうか……」と思うはずです。

最終的には自分に自信がなくなって、「私ではあなたのことを満足させることができないと思う」と、自ら別れを選んでしまうのです。

もちろん、憧れの人とか先輩でなくても、好きになると不安になってしまう女性はたくさんいます。

「私でいいのかな？」「私は彼に何かしてあげられているのかな？」と思ったときは、彼の話をよく聞く。それだけを意識してみてください。すると、自然と自信を付けることができます。

いい女はたくさんの話を吸収します。だから、知識が広くなります。

吸収するということは、真剣に聞いている証拠です。男性が話してくれたこと、もし自慢話であったとしても、それを吸収してくれる女性は、結果的にいい女になります。

特に女性は、普段の会話の中で、会話の幅を広げることができれば、さらに魅力的な女性になれます。いろいろな話についていける女性ということです。

興味の持てない知識を自分の中に入れていくのは大変な作業です。だからこそ、相手自体に興味を持ってしまえば、ラクに楽しく会話ができて、さらに自分の知識もたくさん増えます。

もし、話が噛み合わなくなってきたら、その部分を勉強しましょう。

恋をすると、自然と相手の好きなものを知ろうとして、結果的に自分もそれを好きになってしまうことがありますよね。相手の好きな音楽や本、映画など多くの共通点を持つと深い関係になっていきます。

会話がはずんで楽しいし、話す内容がわかれば、男性の知識の深さを、改めて知ることができます。少しわかると、会話もどんどん深まりますよね。

「自分は興味がない」「聞いてもわからないし、聞いたらなんか迷惑かも……」と思っていても、あえて聞いてみることをおすすめしますよ。

「ワインくわしいよね。私はくわしくないけれど、どんなふうに興味を持ったの？どんなふうに勉強した？」

「プロレスのことってまったくわからないけれど、どういうところに惹かれるの？」

自分がまったく興味を持っていないトピックだったとしても、彼は何を素敵だと思うのか、何に惹かれるのかを研究するつもりで質問していくと、結果的に自分の知識も増えていくのです。

何もわかっていない女性に褒められるより、少しでもわかっている人に褒められたほうが男性の嬉しさが増しますよね。もしも彼女がその話題に関してくわしくなっていれば、二人の時間をさらに楽しいものにすることができます。

そして、**いい男は語れることがある人、語れるくらい好きなものがある人です。**ひとつのことを深く知っていることは、男性の魅力のひとつです。語る姿に、女性はキュンとくるのです。

彼女が聞いても楽しくなるように、彼女ともその深い知識を共有していきましょう。彼女が理解しやすいように話すと、自然と話が面白くなっていきます。お話が面白い男はさらにモテモテです。女性のみならず、男性から見ても素敵な個性のある男性に映るはずです。

恋愛を育むうえで、すぐに自信をなくしてしまう人、自分に自信がないときは、ともかく相手の話を聞いていく。それが勝手に自信となるのです。

話を聞くことで、共通の話題が勝手に増えて、誰も追いつけないくらい深い話ができることで、それがひとつの自信にもなります。誰よりも、パートナーについて知っている自分になりましょう。

わからない内容でも、諦めずに聞いて質問することで、彼は嬉しくなり、彼女は自信をつけていくのです。好きな人と一緒にいて知識が増えた、少し賢くなれたと思える恋愛が理想の関係ですね。

Message

**お互いのことを知れば、
自然と物知りになれる。
大好きな人の一番の"物知り"になること**

いい女は隙がある　いい男は好きがある

「恋愛をしたいけどなかなかできない。出会いはあるし、自分から好きになるのに、なかなか上手くいかない」

そういう女性がいました。彼女には、足りないものがあるのです。すごく美人であっても、すごく気がきく人でも、すごくお料理上手であっても、これだけでは足りないものがあるのです。

「恋愛したいな」「完ペキな恋愛をしたいな」、そんなふうに思うほど、それはなくなっていきます。

それとは「隙」です。**いい女は相手が入り込む隙を持っているのです。**

「恋愛したい!!」と目が血走っている女性より、なんだか楽しそうに生きていて、余裕がある女性と付き合いたいはずですよね。「恋愛したいです!」「完ぺキな私です!」という方が、隙がなくなってどんどん恋愛から遠ざかっていくのです。

なかなか恋愛のチャンスがないと感じている人は、次のように隙を作ってみてください。

①目の前の男性ひとりのためだけに笑顔を作る
②男性のことを否定するような発言は避ける
③男性に対してのルールを減らす
④ギャップを作る
⑤ファッションに気合を入れすぎない

まず、「①目の前の男性ひとりのためだけに笑顔を作る」ですが、笑顔とは単純に言えば、好意があると知らせるサインです。

常に笑顔でいる人は、やっぱり好印象なのですが、受け取る相手が限定されている笑顔ってドキドキするものですよね。

あまりやりすぎると怖いですが、さりげなく「あなただけの笑顔」を作ってみるといいでしょう。目が合ったあと、自分は目線を下げてニコってするといいですよ。

「②男性のことを否定するような発言は避ける」は、ともかく毒舌でいろいろと言っている人は大勢のときには面白いし、話しているだけだと楽しいのですが、自分のことも否定されそうだと思ってなかなかお誘いしにくいですよね。

気合が入りすぎてつい話しすぎてしまう人はいったんセーブして、ゆっくりうなずいて、静かにニコニコタイムも作ってみてください。

「③男性に対してのルールを減らす」とも近いのですが、「こんな男の人はやだー」という発言が多かったり、男性に対して、「男たるものこうするべきだ!」というようなルールが多い人も、男性から引かれてしまいますね。

私の知り合いのバリキャリ女子も、男性から個人的なお誘いをまったく受けません。そんな彼女はまったく隙がないのです。

いつも自分からお誘いしては、「男性が奢るのは当たり前だと思うんだよね！　それに、家までタクシーで送り迎えしてほしい！　夜景の素敵な場所じゃなきゃデートっぽくなくて嫌！」と、相手に対してのルールが多いと、それ以外の男性を否定することになってしまうのでよくありませんね。

そして、「④ギャップを作る」というのは、「強そうだけど実は弱い」「怖そうなのに本当は優しい」「か弱そうなのに案外丈夫」など、その人のイメージとは逆行するイメージです。

いろんな一面を垣間見たとき、人は相手のことをもっと知りたいと思うのです。自分の第一印象のイメージを周りの人に聞いてみて、それと反対の部分を探していくと自分のギャップを見つけられると思います。

最後の「⑤ファッションに気合を入れすぎない」ことも隙のひとつです。男性は露出度が高い服のほうが確かに好きかもしれません。でもそれは、自分の内面を見てもらう隙を作らないということになります。

先ほどのバリキャリ女子は可愛い格好が好きなので、デート時には、オフショルダーの両肩ががっつり見えている服装か、ミニスカート、もしくは背中ががっつり開いている服をチョイスしていました。

女性のファッションがあまりにも気合が入っていると、付き合いやすさを感じず、男性は意外と引いてしまうものです。

恋をできる男性にも特徴があります。恋ができる**いい男は、相手に好意を持って接する人です。**

ジェントルマンな人はみんな、女性に対して好意がある、好きという気持ちを持っている人なのです。

女好きとも言えるかもしれませんが、もちろんそちらのほうが恋愛のチャンスは増えるのです。

好きという気持ちは、恋愛の感情だけでなく、人自体を好きという気持ちだったり、人に関心があるという意味です。

やっぱり人懐っこさや人に関心がある人は、いろいろな人から好かれる人なのではないかと思います。それが、男性にとっての隙なのかもしれません。

相手を優しく包み込むような心のゆとりがあれば、きっといい出会いや素敵な恋愛をしていくことができるはずです。

Message

隙があるからこそ
相手が入ってこれる。
すべての隙をなくさないこと。

いい女はすべてを見せない　いい男はすべてを見通す

以前、芸人の小籔千豊さんに「モテる女性像と、そうでない女性像」についてインタビューしたことがありました。

皆さんもご存じのとおり面白く話をしてくださる方で、とても印象に残っているフレーズがありました。

小籔さんに、どんな女性がいい女だと思うか伺ったところ、

「僕は乳を放り出すような女は選ばない」

と、面白おかしく話を繰り広げてくださいました。

乳を放り出すとは、胸が放り出されそうなくらい胸元が露出されている服を着ている人だそうで、「過度な露出がある人は軽蔑します」と言っていました。露出度の高い女性を見ると、映画のエンディングから見せられた気分になるそうです。「小出しに見たいのに、そこにはストーリーも想像も何もない」と。

他にも、「誰にでも乳を見せるような女は絶対いいお母さんにならない」「そんな女を自分のものにしたいとは思わない」と、軽妙な語り口で語っていました。

露出が多めの方を発見すると、今でもこの話を思い出します。

男性は、つい露出されている部分だけで女性に引き寄せられてしまう場合があります。

胸の膨らみやくびれの状態で女性ホルモンが正常か、子育てに適しているかを本能的に見てしまうので、つい視覚情報に頼ってしまいがちなのですが、見た目だけに惑わされてはいけません。

本当に**いい男は、その人の将来まで見通す力があります。**

その女性が身につけているものやファッションセンス、そして所作から、その人がどんな人なのか、将来どうなるのかをしっかり見極められる人がいい男なのだと、インタビューを通して実感したのです。

愛妻家でもある小籔さんは取材の中でも奥様をたっぷり褒めていらっしゃいました。**見た目に惑わされず、内面をしっかり見ていくことがパートナーと素敵な人生を送る秘訣**なのでしょう。

そして、いい女は過度な露出なんてしません。露出することで内面に目がいかなくなることを知っているからです。

内面を見てほしいのに、外見が派手すぎると、印象がそればかりになってしまいます。

好きな人の前や多くの人の前に立ったりするとき、その不安を紛らわすために無意識に服が派手になってしまうことがあるのですが、露出もこの心理メカニズムのひとつですね。

小籔さんが、「いい女とは？」の問いに露出の話をしたのは、きっとそれが滑稽だと感じているからでしょう。自信がある人からすれば、外見の装飾も滑稽に映ってしまうのです。

そんなことをするよりも、**内面を見てほしいと思うくらい、自分を磨くのがいい女**です。

好きな人にずっと愛されるかどうかは、尊敬してもらえるかどうかにかかってきます。

男性も、生涯一緒に生きていく女性を選ぶときには、相手を尊敬できるかどうかという視点で見なければいけません。

Message

秘すれば華。
隠すことで生まれる
美しさがある

いい女は軽い誘いにのらない いい男は軽い誘いをしない

気になる男性や、素敵な人と食事に行くことになったとしましょう。

正しい流れとしては、何度かデートを重ねて、お互いがいいなと思えたら、一緒に一晩過ごす。それはいいことですが、本当は断りたいのに断れないこともあります。

「断れない」という事態は、女性が相手の気持ちを考えるからこそ起きてしまうことです。

相手を悲しませたくないと思って、つい相手のお誘いにいい返事をしてしまい、強引なアプローチに負けてしまいがちです。

「今度、近況とか聞かせてほしいから二人でご飯行こうよ！」と、そんなお誘いにのって二人で食事に行った人がいました。

二人で楽しく話していたら、彼が「楽しいからもう一軒行こう！」と言って夜遅くまで飲む流れに……。

「もう終電がなくなるので帰ります！」と伝えると、「そんな悲しいこと言わないでよ、もう少しだけ飲もう」と、言われて断れずに飲みに行き、「一緒に寝るだけでいいからホテルに行こう、何もしないから」と、なし崩し的に相手のペースに持ち込まれ、結局最後まで断れずに相手の思うままになってしまいました。

そのあと、その男性と疎遠になってしまって嫌な思いをしたそうです。

女性は、悲しいことや怖いことは、男性より何十倍も強く感じ、何百倍もの長い時間、記憶しているそうです。

さらには断ったら傷ついてしまうのではないかと心苦しく感じるので、なかなか自分の意見を言えません。

むしろ、相手が嫌な思いをするくらいなら自分が少し我慢したほうがマシ、と思っている人が多いのです。

「そんな悲しいこと言わないで」と言われたら、なかなか断れませんよね。

誰をどんなふうに断ったらいいのか、相手の気持ちを考えると、少し心苦しいこともあるかもしれませんが、**いい女はちゃんと断れる人です。**

誰の誘いでも簡単にのる女性は、男性からすると決していい女ではありませんよね。

相手のことを考えたつもりでも、自分の意見を言えないならば、それは優柔不断な女と見なされてしまうのです。そんなのもったいないですよね。

相手の言葉を真に受けずに、

「今日は無理かな♡」

「そんなに簡単に誰とでも泊まったりしないよ♡」

と、楽しげに断ればなんの問題もありません。

お泊まりの話だけでなくても、**自分の意見を言うことを恐れないほうが、意外に好感を持たれます。**

すべてに「YES」で答える人は、逆に何を考えているかわからなく映るのです。断る力があれば、余裕があるようにも見えます。**ポジティブに断ることって、意外と得るものが多かったりする**のです。

男性は、自分が尊敬できる女性と出会いたいと思っています。親切で忍耐力があり、相手を思いやることができて、芯がある女性です。そんな女性を目指していきましょう！

そして、**いい男ほど、そんな軽い誘いをしません。**

コンプレックスがたくさんある男性のほうが、その一度のお誘いに全力投球します。そこですべてを回収しようとするので余裕もなく強引になるのです。

女性が断りにくい言葉を使う男性は、一緒にいてもたくさんのことを要求してくる人です。彼女が嫌な思いをしないかどうかに気を配れる男性ならば、軽いお誘いなんてそもそもしません。

「軽いお誘いは、軽いお相手ですよ」と言っているようなものです。


自分の意思をちゃんと持っていれば、自分の気持ちは相手に伝わるはず。

断るときも、お誘いするときも、誠意を持って自分の気持ちを伝えることが肝心です。

大切に思っている人とは、大切な関係を築いていくためにも、お互いの意見を素直に伝えられる環境を作っていきましょう。

Message

**好きだからこそ真意を伝えよう。
嫌われるかなんて恐れないで
好きだからこそ本当の気持ちを**

いい女は試さない
いい男はためらわない

「嫌よ嫌よも好きのうち」という言葉がありますよね。

「実用日本語表現辞典」では、「主に女性が男性に誘いをかけられた際などに、口先では嫌がっていても実は好意が無いわけではないと解釈する語」とあります。

恋愛のはじめのほうで、男性から「今夜一緒にいようよ」と言われ、女性が恥じらって、「え〜、それはダメだよ〜」「そんなこと言わずに〜」というやり取りなら可愛いものです。

すぐに受け入れてしまっては、軽いと思われそうなのでいったん断ってみて、さらに、思っていることをストレートに言わずに、一度嫌がってみて、試しているのです。それで相手の反応がどうかを見ているわけですよね。

初期の「嫌よ嫌よ」は可愛いのですが、恋愛に自信がないと、「もうメールしないほうがいいかな?」「もう会わないほうがいいよね?」「迷惑だったら教えてね、忙しいだろうから……」と、つい表現してしまいます。

相手がメールを嫌がっていれば返ってきませんし、会いたくなければ会いませんし、迷惑な場合は返信も来ません。

「『そんなことないよ』と言ってくれるかな、言ってほしいな」、そんなふうに相手の反応を試してしまうことがありますよね。

でも、**いい女は、試したりしません。**気持ちを素直に伝えます。恋愛の主体は自分です。自分がどう思うかで動いていいのです。

そうでなければ振り回されてしまうので、気持ちを素直に伝えるほうがよっぽどいいのです。

「メールいっぱい返してくれて嬉しい！」
「また会ってくれたら幸せ」
「忙しいのにありがとう！」

相手の反応を気にせずに、自分の気持ちをストレートに表現するほうがよっぽど可愛いですよね。もしも、ケンカに発展したカップルだったとしても、素直に伝えられれば多くの時間を無駄にしません。

「私のこと、どう思ってるの？」

と問い詰めるのではなく、

「大切だって言ってほしい。その一言があれば落ち着くから！」

です。もしもそんなふうに伝えられたら、長々とケンカや話し合いで自分たちの大切な時間を棒に振ることはなくなるでしょう。

それに、解決策があれば男性にとっては助かります。男性を苦労させません。苦しい思いが少ないほうがうんざりされなくてすみます。

そして、**いい男はもし試されても、それにためらいません。**

もし、好きな女性が不安になって、「私のこと、どう思ってるの？」と言ってきたとしても、

「もちろん大切だよ、不安にさせてごめんね」

と伝えられる人です。

突然不穏なことを言い始めたら、大抵の場合は不安なので、それを解決するような温かい言葉を、ためらわずにすぐ投げかけてあげてくださいね。

コミュニケーションの方法が上手くなれば、お互いの嫌なことは格段に減ります。

不安に感じやすいところや安心できる言葉を二人で見つけながら、温かい言葉が飛び交うカップルになれたら素敵ですね。

Message

楽観的に捉えることで
ストレスも不安も
自然と消えてなくなるもの

いい女は呼吸を合わせる
いい男は距離を縮める

「アプローチしてきても大丈夫だよ」という雰囲気を持っている人がモテます。アプローチしやすい人といっても、決して軽く見られているわけではないのですが、ついついアプローチしたくなる女性がいます。そんないい女の特徴、初対面で簡単にアプローチできるポイントをお伝えします。

恋愛のプロセスでは、共通点があることがスタートになります。

同じ職場、同じ友だち、同じ趣味といったように、何かしらの共通点から出発します。

そのため、共通の話題から盛り上がることが多いですね。共通の話が多いほど、会話は弾みます。

共通点が多いということは、選択肢や境遇が近いということですよね。

だからこそ、「気が合うかも」と思うわけです。

さらに、何重にも「気が合うな」と思わせてくれる女性はいい女ですよね。そんな**いい女は、会話だけでなく呼吸まで相手に合わせてしまいます。**

呼吸が合うと、無意識にもこの人とは相性がいいと伝えることができるのです。

呼吸というのは、息の使い方です。心理学やＮＬＰ（神経言語プログラミング）などを学んだ方はご存じかもしれませんが、相手に呼吸を合わせることを「ペーシング」と言います。

ペーシングとは、コミュニケーション技法のひとつで、話し方や状態、身振りや呼吸などを相手に合わせていくことを指します。

声の調子や話すスピード、声の大小、音程の高低、リズムなどを合わせていくことで親近感が湧いて心を開きやすくするのです。

特に、相手の感情の起伏などに合わせていくと、より一層共感が伝わります。そして、呼吸も合わせます。相手の肩や胸、下腹部の動きを見ながら、同じ呼吸のリズムになるように合わせていきます。

共感していれば、このようなことは自然と起きるのですが、緊張しているときや初対面のときには、このことを知っていると意識して取り組めるはずです。

わざとっぽいと逆効果なのですが、ページングをすることで、

「この人は自分の気持ちをわかってくれているな」

「自分に共感してくれる人だな」

と伝わり、一気にアプローチされやすくなりますよ。

呼吸を合わせてくれるいい女に対して、**距離をぐっと縮めてくれるのがいい男です。**

いざというときにしっかり距離を縮めてくれる人、そんな男性に女性は安心する

のです。リードしてくれるいい男とも言えますね。

アプローチは営業と同じです。相手のタイミングと合えば勝手に実りますし、実らなくても落ち込むことはありません。たまたまタイミングが悪かっただけかもしれないので、深く気に留めなくていいのです。

上手な営業マンは押し売りはしません。買っても買わなくても大丈夫、という余裕を持っています。それと同じように、恋愛でも上手な営業マンのように心地よいアプローチと余裕を持っていきましょう。

素敵な恋愛をするために、男女で得意分野があるはずです。自分が得意なことをさらに極めていくことで、素敵な恋愛はたくさんできるのです。

Message

鼓動が速くなる人と愛し合って、いつも深呼吸できるくらい落ち着く場所にしていくこと

いい女はシンプル いい男はカラフル

先日、幼なじみの男女で食事をしているとき、最近ブランド物を持ち始めて少し派手になった女性に対し、男性の一人が、「そのブランド品、誰かに買ってもらったの？」と、不意に質問したのです。

今まではファッションにあまり興味がなかった彼女なのに、いろいろとブランド物が増えて、疑問に思ったのでしょう。

彼女は「買ってもらったり、自分で買ったりだよ」と答えました。彼女は最近、仕事を頑張っていることを知っていたので、「まあ、そうなのだろう」と思ったのですが、「男性は結構、細かいところを見て、そんなふうに考えているのか」と思いました。

ちょっとデリカシーのない質問だと思いますけれどね。

自分を磨くためには、2つのステップがあると思います。

まずは、「いろいろなものを自分に取り込れる」ことです。

自分で力をつけて、いいものを身につけることって大切なことです。

一度、贅沢なものを持ってみて、贅沢な体験をしてみることは、人生においてとても重要なこと。「いいブランドは何が違うのか」「いいサービスは何が違うのか」を実感することで、自分が本当に求めているものが何なのかわかります。

たとえば、ルイ・ヴィトンでも持ってみると、「旅行かばんから始まった会社だけあって丈夫だ！」と思うかもしれませんし、「やっぱりお金持ちっぽく見える！」と思うかもしれません。耐久性に惚れるか、それを持ったときの自分に惚れるか、持ってみなければわかりません。

まず、それを体験できるのがいい女への一歩です。ただ、本当のいい女は、結局シンプルに落ち着いている人だと思います。

自分でブランド品を買ったり、彼女のように買ってもらったりすることだってあるでしょう。

自分で買える状態の時点で、いい女だと私は思うのですが、ブランド品で固めてしまうと、大抵の場合は派手になりますし、ブランド品の力に頼って自分の力をアピールするのはスマートではありません。

次のステップは、「いらないものを削ぎ落とす」ことです。

いいものを知ってから、「私にはここまでのものは必要ないかもしれない。これだけが必要かな」と、結局シンプルに落ち着くのが、一番いい女なのではないかと私は思います。

いい女ってシンプルです。

最初からシンプルな場合よりも、一周回ってシンプルな人が、ブレずに凛とした強さを持ついい女です。

一度贅沢なものを知ったあとにシンプルになった人は、オシャレで物欲が落ち着いていています。

（すっごくお金持ちの家に生まれた人とか、物欲が全然収まらない人もいますけれど）大抵の場合は、ちゃんと欲しいものが満たされたときに物欲が落ち着きます。

常に何かを欲しがっているときは満たされていない証拠。「今はそんなに欲しいものがないな」「好きって思えるものがあったら欲しいな」、それくらいシンプルな思考になっていれば安心です。

それに対して、**いい男はカラフルです。**

シンプルに対して、バリエーションがあるという意味でカラフルな人です。まず、いろいろな経験をしてみるのがファーストステップ。そして、他の人が喜ぶものをストックしていく。いろいろ経験したあとに、女性はシンプルないい女になって、男性はバリエーションが豊富ないい男になっていたら素敵です。

いろんないい場所へ行ってみて、それを女の子に提案できる男性はまさにいい男。

いいものを体験して大切な人に共有していけたら、人生は二倍楽しいですよね。

このように、自分が力をつけていろんな体験をしたあとに行き着く先は、男女で違うのではないでしょうか。

現状にも満足できていて、時々贅沢をして楽しむ。そんなバランスをとっていけたら、二人は理想のカップルになれるのです。

Message

シンプルな自分になること。
減らすことで美しく
凛とした自分になれる

いい女は選び上手
いい男は捨て上手

新年早々にツイッターで、「今年は結婚する！　相手はいないけど！」と呟いていた友だちがいました。

一生涯のパートナーを見つけたい人、気になる相手がいる人、元彼が忘れられない人——そんな人たちは、新しいチャンスを受け取るために、ひとつやらなければならないことがあります。

それは、いらない縁を切っていくことです。

いい女は選び上手な人です。

自分に誰が必要で、誰が必要でないか、自分で選んでいける人です。

選択肢が多いほど、選ぶことが難しくなってしまいますから、いらない縁を切っていくことは、大切な人をより大切にしていくために必要なことなのです。

冒頭で紹介した友だちに、「最近どうなの？」と聞いてみました。すると、年末に、高校時代の元彼に連絡して、最近デートをしたというのです。

いいお話のように感じますが、そこが大きな落とし穴なのです。

新しいチャンスを受け取るためには、いらない縁を切っていかなければいけません。

大人になればなるほど、保留してある縁が増えます。元彼が増えたり、身体の関係だけの人が増えたり、自分のことを好きでいてくれる人のことは縁を切らないで取っておいたり……。

携帯電話（以下、携帯）の連絡先を見直すと、切ってもいいのに切らない縁が意外と多いのではないでしょうか。

普通、保険をかけることはいいことです。なにごともリスクを最小にすべきでしょう。

でも、こと恋愛に関しては、変なリスクヘッジが仇《あだ》となってしまう場合があります。

昔の縁を保険にしてしまっている人は気をつけていきましょう。

特に、少し離れてみて再開したら、嫌だった部分をすっかり忘れて、いい部分しか見えないもの。最近ではＳＮＳで簡単に繋がり直すことができるので、縁を選ぶ力が試されます。

もしも今、恋人がいる人ならば、「たったひとりしかいない！　この人しかいない！」という状況を自らつくっていくことが、相手を大切にしていく秘訣になります。

そして、**いい男はいらない縁をきちんと捨てられる人です。**

人にはよるものの、男性はもともと、何人も同時に好きになる能力が女性に比べて高いからこそ、いらない縁をそのまま残さずちゃんと捨てられる人がいい男なのです。

元カノからふらっと連絡がきても、昔、口説きたいと思っていた女性から突然連絡がきても、過去の人は過去の人。過去の縁をしっかり切ることで新しい出会いがあるのです。

大切な人を見つけたいのであれば、その準備をしなければいけません。心のよりどころになってしまう縁を断つべきなのです。

新しい人と出会っても、少しだけ付き合ってみても、すぐにケンカして、前の人のほうがよかったなんて思うことがあります。

いらない縁があると、目の前の人を大切にできないことがあるのです。

本気でパートナーを探したいときには、終わっているはずなのに終われていないそんな縁が邪魔になるのです。

いらない縁がある人は、潔くそんな縁を断って、新しいチャンスを受け入れる場所を作っていきましょう。

将来に不安になるときは、つい過去に頼ってしまいがち。いつどんなチャンスが訪れるかなんてわかりませんから、今連絡できる人にすがりたくなるときがあります。

でも、自分が行動範囲を広げて、前向きに生活していくなかで出会う縁のほうが、きっと何倍も素敵なはずです。

過去の恋人、過去関係があった人はしっかり綺麗にして、今を大切にしていきましょう。

Message

捨てることを恐れてはいけない。
大切なものを守るために
捨てることを覚えよう

第2章

幸せに気づく

大好きな人と楽しく過ごす

いい女は問い詰めない
いい男は遠ざけない

「恋愛中は何をするときも、ずっと好きな人と一緒にいたい！」と、思うことがありますよね。

今日は一緒に帰れると思っていたデート。帰る時間になって、相手が、「仕事をするから帰りたい」と言えば、「私とは一緒にいたくないってこと？」と問い詰めてしまったり、「うん、わかった」と言ったものの、すごく落ち込んでしまったりします。

なかには、「仕事を理由に、私との距離をとりたいのかな」と不安に感じて、「一緒に仕事しようよ」と、相手を縛ってしまう人もいるかもしれませんね。

「一緒にいない」という選択肢を相手がとったとき、寂しがりながらも、ご機嫌にそれを受け入れられるのがいい女です。**そこを深掘りして問い詰めないのがいい女。**

「そっか、じゃあ私も仕事しよう♪」

こんな具合に瞬時に切り替えてしまいましょう。

恋愛モードになると、ほんのちょっとの出来事でも、敏感に反応して孤独を感じます。

女性は恋愛をすると、ひとりの時間に弱くなり、ひとりになると、いろいろなことが不安になる傾向があります。もともとはひとりに強い人も、無駄に寂しくなってしまうのが恋愛状態なのですね。

では、どういう人がそんな寂しさや孤独感に押しつぶされずにご機嫌に対応できるのかというと、「自分の楽しみを持っている人」です。

自分だけのワクワクできることがあれば、ご機嫌に相手の「プライベートな時間」

も受け入れることができるのです。

没頭している仕事があったり、熱中している習い事があったり、趣味があれば、相手の「自分の時間が欲しい」という意見にも耳を貸すことができるのです。

彼がいるからといって、いろいろなことを犠牲にしなくていいのですよ。もしも自分が趣味の時間を犠牲にしている場合は、相手が自分の時間を大切にしていることを受け入れられなくなってしまうのです。

だから、相手のためにも自分のためにも、自分の時間を大切にすることが必要なのです。

自分の時間を大切にしていくことが、結果的に二人の円満な生活を助けていくこととなるのです。

恋愛中、ひとりの時間が苦手な女性に対して、男性には一定のひとりの時間が必要です。

男性にとって、ひとりで過ごすのは、リラックスの時間。ひとりで集中したり、没頭したりする時間は、男性にとってはストレス発散になるのです。

女性にとっては触れ合うことやお喋りすることがストレス発散になるのですが、彼をそれに付き合わせすぎては、彼が疲れてしまいます。

彼がひとりになりたいモードに入ったとき、それに付き合うのも彼女の大切な役目です。

そして、いい男は彼女を遠ざけずに上手にひとりの時間をとります。するとスムーズに自分の時間がとれるのです。だから、**いい男は遠ざけない。**それが大切なポイントです。

ひとりになりたいけどできない。そんなとき男性は、「うるさい」「放っておいて」「ひとりになりたい」と、彼女を遠ざけてしまうことがあるのですが、これでは逆効果です。

そんなふうに言われると、女性は拒絶された気になって焦り、さらに一緒にいようとしてしまいます。

自分がひとりになりたいモードのときこそ、温かい言葉を添えてみてください。

男女にとって、ひとりの時間の意味するものがこんなにも違うものだと理解していれば、お互いの気持ちをさらに上手に推し量ることができそうですね。

自分のやりたいことよりも、相手の気持ちを理解してあげたいという気持ちがあれば、こんな状況も自然と乗り越えていけるはずです。

Message
没頭できるものを持つこと、
大好きな趣味をつくることは、
二人が幸せに生きていく秘訣

いい女は流す
いい男は向き合う

付き合って愛し合っていても、些細なことでケンカすることがあります。

ケンカするほど仲がいいとは言いますが、もちろん、極力ケンカを避けるという努力はカップルの中で必要なことですよね。

まず、ケンカにもいいケンカと悪いケンカの2パターンがあり、悪いケンカをよいケンカに変えていくことで、二人の関係をよりよくしていくことができます。

いいケンカは、二人の将来に繋がるケンカです。お互いの意見が違うときにそれを伝え合い、意見をすり合わせていくなかで口論に発展してしまった場合です。これはお互いが改善してよりよい関係をつくるきっかけになりますので、いいケンカと言えます。

悪いケンカは、感情だけぶつけ合って自分のストレスを相手に押し付けてしまうようなケンカです。イライラしたときに当たってしまう。こんなことが発端で起こるケンカはもちろん意味がありません。

いいカップルは、相手の世界観や人格を理解し、そして、敬意を持つことができるカップルです。

ケンカをしたとしても、相手の気持ちを理解しようと話し合うのです。最終的には、理解し合うことができ、二人の関係を長く続けていくことができます。

いい女は悪い感情を水に流します。

嫌な気持ちは、さっと切り替えてしまうのが一番！「自分の考え方のパターンを崩す」という方法がおすすめです。

たとえば、モヤモヤしたことがあれば、「これは一年後にも悩んでるくらい大切な悩み？」とか、「おばあさんになっても悩んでいるかな？」と、普段考えないような質問を自分に投げかけてみることです。

変な感じですよね。でも思考回路のパターンを崩すということは、心理学、カウンセリングでも用いられる手法のひとつです。

本来なら、違う場所に行ってみたり違うことを行なってみたりしますが、その瞬間に切り替えるには、まったく違う質問を間に入れ込むことです。

大きな問いを投げかけると、今悩んでいることがとってもちっぽけに感じます。

女性はなるべく流すことを練習しましょう。そして、男性はなるべく向き合うことを意識してみてください。

いい男は向き合う人。なにかあったとき、向き合おうとしてくれるだけでも女性は安心するものです。

向き合うとは二人で行なうことなので、もちろん彼だけ向き合おうとすればいいというわけではありません。

男性のほうが流す能力が高いので、たいした問題と捉えておらず、小さな問題が後々大きく膨らんでいる場合があります。

ケンカや言い合いは、考え方を変えれば、お互いの考え方の違いを知れるチャンスでもありますよね。

発端は毎回さまざまな理由だけれど、感情的になりそうなときは流して、落ち着いてからどうしてあんな発言をしたのか、あんな行動をとったのかと、じっくり検証することがすれ違いを減らす近道です。

ケンカが起きたとき悲しむのではなくて、これで「もっと相手を知れた！」と解釈すると、意見のすれ違いすら嫌だと感じなくなります。ポジティブに解釈することで、お互いの距離をどんどん近くしていけるのです。

Message

「なんで？」「どうして？」は、
恋愛ではなく勉強の場で使いこなすもの。
使う場所を間違えないこと

いい女は声色を使い分ける
いい男は声色をあげさせる

いい女は、いつでも声色の使い方が上手いのです。

子どもの頃、電話をしているお母さんの横で、知らない人からの電話の声は高いのに、お父さんと電話するときの声色は低い、ということを目撃したことがあるかもしれません。

お互いがリラックスした関係であれば声のトーンは変化します。声の高さは気遣いの証しかもしれません。

声楽の観点から言えば、高い声は低い声よりも多くの空気を必要とします。リコーダーを想像してみてください。「ピーッ」という高音を出すときには、勢いよく息を吹き込みますよね。

逆に「ボー」というような低い音を出すときはゆっくり息を吹き込みます。ゆっくり息を吐く場合は、多くの空気は必要ではないのです。たくさんの息を吐くのは疲れます。

つまり、高い声を出すほうが大変なのです。印象をよくするために慣れない人と無意識に高いトーンで話して、ぐったりした経験があるのではないでしょうか。高いトーンは相手の印象をよくしますが、自分は疲れるのです。

ですから、**気の知れた人には、高くない低めのトーンで話し、あまり知らない人やいい印象を残したい人には高いトーンの声で話す**のです。

また、声によって、相手の感情を変えることすらできます。

私の友だちの港区女子。彼女はいろいろな面でいい女だけど、声の使い方もいい女なのです。

最近理想とする男性と結婚し、幸せな新婚生活を送っていますが、彼女の声の使い分けにはいつも感心します。

女子会の始まりは必ず高い声、途中でかかってきた旦那さんとの電話も高い声、仕事の話はトーンが下がって（真面目な感じが出る）、切る直前は高い声。

「うん♡」という相づちには、目で見えない「♡」が必ず添えられています。

女子会のトークは低めの声、そして最後はまた高い声でさよならします。彼女が愛される要因はここにもあると思っています。声って気遣いなのです。

女性からすると、男性に向かって高いトーンで話す女性は批判の対象になります。合コンで男性に向かって高い声で話す女性は嫌われます。

でも、それがその女性の旦那さんだったら他の女性はなんとも思いません。とにかく彼氏には声が低くなりがちですから、逆に高い声で話しかけている女性はパートナーにも優しいな、という印象になります。

彼ももちろん嬉しいです。男性は声の音程が高いと、本能的に女性らしいと感じ、その人を守ってあげたいと思います。そして、自分のものにしたいと思うようにできています。

動物でも人間でも、小さいものほど声が高く、声が高いことはか弱さを印象づけます。

出合い頭、そして帰る間際は人の印象に残りやすい。だから、最初と最後は明るく挨拶をしておくと、男女問わず印象がいいでしょう。

声の高い女性は可愛い印象になり、男性に好かれやすく、か弱いイメージを与え、声の低い女性は、女子から安心感を得られ、落ち着いた説得力のある印象を持たれるでしょう。

さらに気遣いとして声を使い分けられたら、もっと上手にコミュニケーションできます。まずは自分の声を使い分けてみて、相手の変化を観察してください。声ひとつで、相手の反応が全然ちがうとわかるはずです。

一方、男性は女性にハグしただけでも声色をあげられます。少しの感情の変化で声はすぐに変わるのです。

彼女に可愛げがなくなってきたなと思った男性は、突然ギュッと抱きしめてみるのもいいかもしれません。**女性の声色をあげてしまうのがいい男です。**

女性は愛されるために声色を使い分け、男性は声色まであげられる工夫ができたら素敵です。

Message

明るい声で話すだけで、
相手を幸せな気持ちにできてしまう。
幸せをくれる女性は愛される

いい女は口数を減らせる
いい男は話題を増やせる

第一印象で感じたイメージがすごくよくて、「好みだな」と思っても、付き合ってみたら第一印象とは全然違うということが男女ともにあると思います。

最初は静かで可愛らしいと思っていたのに、実はめちゃくちゃよくしゃべる女性ということも少なくありません。

女性はもともと「おしゃべり」と言われます。女性同士が集まればずっと話していられるし、話すことはストレス発散にもなりますよね。

何も解決していなくても、仲のよい人やお友だちとゆっくり語り合えば、それだけで心が落ち着いたりするものです。

しかし、親密になればなるほど、そして長く話せば話すほど、気が抜けて小言を言ってしまいがちになる一面も出てきます。

誰かの悪口がぽろっと出てしまったり、ネガティブな話が増えてしまったり……。でも、それが増えすぎてはキケン。そうなってきた場合は、自分で切り替えて素敵な話題や楽しい話に軌道修正していきましょう。

自分で小言を減らせるのがいい女です。自分で口数をコントロールしましょう。

特に恋愛関係では、話が「最近あった嫌なこと」ばかりに集中することがあります。

あまり話さない彼とよく話す彼女との組み合わせの場合、彼女の話の内容がコントロールできなくなってしまいがちです。

二人の会話を振り返って、どうすれば素敵な時間が過ごせるのか、改善ポイントを押さえていきたいですね。

嫌なことが多い毎日なら、休日にはなるべく普段とは違う体験を行なってみましょう。

素敵な場所、楽しいイベント、そんなものにまったく目がいかない自分になっていたら、疲れている証拠。普段と違う行動をとるのは腰が重いかもしれませんが、キラキラしたものを遮断しすぎると、自分から出てくる話題もどんどん暗くなってしまいます。

雑誌を読んだりテレビを見たり、ネットやアプリから楽しいものを調べたりして、日々自分をエンジョイさせることは、自分の中の小言を減らすのにも有効な方法です。


一方、男性はもともと用がなければ話さないという人もたくさんいますよね。おしゃべりな人よりも、無口な人が多いですし、無駄なことはそんなに話さないという男性は結構多いのではないでしょうか。

「二人でずっといても話す話題がないよ」と、二人でいる時間が増えてくると、そんなふうに思うカップルもいるでしょう。

「同棲してから話題が減った」「お互いずっとパソコンや携帯を触っている」というカップルもいると思います。

彼女が小言ばかり言って困っている男性もいるかもしれません。

いい男は、話題を増やせます。

女性は充実した生活を送ると小言が少なくなるそうです。

彼女の小言を減らして、さらに楽しい話題も同時に増やすには、二人の思い出をたくさん作っていくことです。

ときどきデートに連れ出したり、二人でのディナーをセッティングしてみたり、お土産やプレゼントを渡してみたりします。これらのことは、些細なことのように見えますが、小言を減らせるいい男のポイントになります。

生活を充実させてあげること、彼女を評価してあげることで小言を減らすことができます。男性の対応次第で小言は減らせるのです。

カップルの楽しい話の増やし方としても、思い出をたくさん作っていくことが大切です。

どちらかに小言が増えたら、外に出ていろいろな刺激を受けましょう。そうすることで二人の関係は常にフレッシュに保つことができますよ。

植物を育てるように、恋愛も手間暇かけて育てていくもの。水がないと枯れてしまうので、ときどき日々の潤いを気に留めていきましょう。

Message

ずっと愛される賢い女性でいるためには、沈黙という技術を身につけること

いい女は教え上手
いい男は受け取り上手

インターネット上でとある記事が話題になりました。今では読めませんが、その記事には、「『男はみんな5歳児である』と思っていれば、多くの問題は解決する」という内容でした。

なぜ5歳なのかというと、5歳は小学校にあがる前の幼稚園での最高学年。このときは「まだ世間を知らずに、自分の世界の中で生きていて、プライドがマックスだ」という意味で5歳なのだそうです。

彼のプライドを傷つけてしまうと、最終的に遠回りになってしまうので、彼のプライドを守りながら、自分のしてほしいことを伝えられる人はいい女です。

いい女は教え上手です。相手が受け取りやすい言葉にして、自分の意見をするりと伝えていく。男性側からするとよくいう、手のひらで転がされている、とはまさにこのことですよね。

上手に教える簡単な方法として、「褒めながら教える」というのは鉄則です。「なんでもできて本当にすごい！　ってことはこれもできる？」と、ちゃんと相手のことを褒めて、「だからこそ頼りたいのだ」という気持ちを伝えることで、相手のプライドを守りつつも、きちんと自分のやってほしいことをお願いできるのです。

「筋肉を触らせてよ
どれくらい固いの？
女の子には興味津々
逞しさ　見てみたいのよ

どんな感じなのか
わくわくしてるわ
上腕二頭筋ってセクシーだね
これを持って！」

秋元康さんが作詞した「わるきー」という曲があるのですが、まさにこんな感じです。この曲が好きでずっと聞いていた男性がいたのですが、なんだか気持ちがわかります。

具体的な内容だけではなく、褒めるトーンやテンションを5歳児向けにしてみるとなおよいですよ。
子どもにはとにかくなんでも褒めますよね。5歳の男子に「すごいね！　なんでもできちゃうね！」なんて言うと、「えっへん」という具合で、さらにいろいろできることをアピールしてくれます。

そんなイメージで、自然な流れで男性に教えられている人は素敵ですよね。

そして、**いい男はその褒め言葉に対してちゃんと喜べる人です。**

それこそ5歳児のように可愛く喜んで、そしてさらにやる気を出してくれる男性はいい男です。

男性は、褒められても嬉しそうにするのが苦手だったりする人もいますが、たくさんいい面を伝えて、たくさん素直に受け取ってもらうのには、女性の伝え方も大切ですよ。

褒め言葉を受け止める素直さを引き出していきましょう。

教えるにしても、受け取り方は人それぞれです。もし正しいことでも、教わることと自体が苦手な場合があるので、褒めながら教えるのです。

恋愛において、なぜか途中でできなくなってくるのが、この「褒めること」なのではないでしょうか。

褒める頻度が減るほど男性は偏屈になりがちです。

人は何歳になっても褒められるのが嬉しいものです。

特に、好きな人から褒められることは、何よりの癒やしになりますよね。

上手に褒めることができる女性は教え上手。彼を変え、そして彼に教えたいときは、結局褒めることが一番の近道です。

「最近彼を褒めてないな」。そんなふうに思うときはぜひ彼を褒めてみましょう。

Message

認めてくれる彼女の元に
彼は帰ってくる。
認めることは大きな力になる

いい女は男をあげる
いい男は女を和らげる

「私は、常に彼をあげてきた」と言える人と、「なんか付き合った人みんな、落ち気味かも」と言う人がいるとします。

彼をあげる人はいつもあげられるし、下げる人はなんだかいつもそうなってしまいます。その違いはなんでしょう。

「あげまん」という言葉を聞いたことがあると思います。これは１９９０年に公開された映画のタイトルで、ここからこの言葉が大きく広まったそうです。

「マルサの女」を作った伊丹十三監督の映画作品で、あげまんの「まん」は、諸説あるようですが、「間」＝運気や出会いという意味だそうです。いい運気や出会いを連れてきてくれる人ですね。

内容は、芸者の主人公ナヨコに関わる僧侶、銀行マン、政治家などが出世していくコメディ映画です。

この主人公は美人ではありませんが、素直で情けが深い女性。そして、男性によく尽くす女性として描かれています。

対照的に、自分の欲のために男性の尻を叩く女性と一緒にいる男性は落ちていくので、伊丹十三監督をはじめ、一般的に男性が考える「あげまん」はこんな人、と感じられる作品です。

いい女は男性をあげる人です。男性は、この映画のナヨコのように、接しやすくて、つい頼りたくなるような女性を求めているのかもしれませんね。

なんだか仕事がうまくいったり、転職して力を発揮したり、試験に受かったり、そんな結果を引き出してくれる人が、男をあげるいい女です。

「あげる」とは言っても何をあげるのでしょうか。まずは大切な人の気分をあげることです。

男性をあげるということは、「なんでもできそうな気がする！」と、そんなふうに気分をあげてくれることから始まるのです。

何でもできそうな気がして、自分は無敵だと感じさせてくれる人が近くにいたら、男性は大きな力が湧くものです。

心が豊かになって、やる気が出て、活力が湧く。仕事を一生懸命頑張りたい、大切な人をもっと喜ばせたい。男性の、本来持っているそんな気高い気持ちを引き出してくれる女性は、まさにいい女です。

では、どうすれば、「なんでもできそうな気がする！」という気持ちにすることができるのでしょうか。

それはとっても簡単なことで、相手を信じ抜くこと。これに尽きます。

誰よりも彼の味方でいること。彼が悲しんで落ち込んでいても、絶望の縁に立たされていても、「私が信じているから大丈夫」、その一言を言える女性が、男性の力を最大限に引き出してくれます。

「信じる」って、言葉にすると一言なのですが、意外と難しいことで、ただ、それだけに大きな力を持つことなのです。

信じることはそんなに簡単なことではないかもしれませんが、まず一番大切なことは、疑う時間を減らすことです。

無理に信じようとしなくても、疑っている自分に気づいたら、その時間を少しだけ短くしようと意識してみる。そうすることから始めましょう。

もちろん男性に対してだけではなく、子どもに対しても、部下に対しても、まず信用するということは大きな力を持ちます。信じてくれたからこそ、大きな力が発揮できるのです。

「絶対うまくいく。絶対大丈夫だよ」と思ってくれる人がいると、心の深い部分が満たされて、たくさん力を出すことができるのです。

そして、**いい男は、女性の心を和らげてくれる人。**ピリピリさせずに、穏やかな気持ちにしてくれる人がいい男です。女性にとってのラッキーボーイは優しい気持ちにしてくれる人なのです。

では、どのように対応すれば、女性はさらに優しく、和やかになるのでしょうか。

それは、言葉で「必要だよ」と伝えることです。自分の存在意義を疑わなくてすむということは、心が豊かになり、女性にとっては生きている意味を実感できることなのです。

言葉で必要だと伝えてくれることは、心が豊かになれる一番の近道です。

Message

信じることで、
力は最大に発揮される。
愛する人を信じること

第3章

絆を強くする

恋の処方せんで愛を紡ぐ

いい女は違いを理解できる
いい男は違いを解決できる

大好きな彼と楽しい日々を過ごしていたけれど、ふとこんなふうに思うときってあります。

「付き合っている人とあまり感覚が合わないかもしれない。この人と付き合っていて本当に大丈夫かな」

不安になってしまうなんてよくないのではないか。不安なら別れるべきなのではないか。そう思う人もいますよね。

でも実は、不安になるのは当たり前のこと。脳科学的にはそれが正しいことなんです。

私たちは生物なので、脳は強い子孫を残そうとします。言い換えると、「自分とは違った人に好意を寄せる」ようにできています。

自分が「この人、いいな」となんとなく思う一方で、感覚や感性が違います。脳としては、違うから好意を持ったのです。

自分にないものを持っている人を自然に引き寄せるので、性格も違えば考え方も違う、平均体温から免疫の仕組みまでまったく違う人を選んでいるのです。

「自分の手は冷たいのに相手の手はいつも温かい」というようなことを経験したことがある人もいるでしょうね。そのため、クーラーの設定温度も恋人同士で一致しないことが多いのです。

でも、お互いに暑がりだったり、お互いに寒がりだったりすると、生命としては弱くなってしまいます。

寒がり（暑さに強い遺伝子）と、暑がり（寒さに強い遺伝子）が組み合わさることで、その子孫はどちらの状況にも強くなるように、脳は勝手に自分と真逆の人を選ぶのです。

驚きですよね。異性の手を触っただけで、そんな情報まで脳は処理しているそうですよ。

つまり、「付き合っている人とあまり感覚が合わないかもしれない。この人と付き合っていて本当に大丈夫かな」と、毎回不安になる必要はないということです。

いい女は、彼との違いを理解できる人です。

その不安は、お互いが違うからこそ感じているのです。

そして、違うことで私たちは惹かれ合っているのだと正しく理解できれば、その不安は自然となくなっていくはずです。

彼との違いをあまり大事と捉えないで、不安にもならない。それがいい女です。

「別に違いがあって当たり前なのだ！」と理解するよりも以前に、「違うということに動揺しない」のがいい女なのです。

でも、不安になりやすいのであれば、「私たちは違うからこそ、二人でいれば強いんだ！」と考えれば、何も問題はありません。そう解釈してみてくださいね。

一方、男性は、それほど彼女が心配していても何も感じていない場合が多いです。彼女が真剣に悩んだ挙げ句、思いつめた彼女にすれ違いを指摘されて、その問題をはじめて認識します。

少しのすれ違いがあっても問題視しない男性は多くいるものです。

いい男は、女性が感じている小さな違和感を解決しようと努力できる人です。

もしも彼女が何か不満を抱いている場合は、すぐに解決に向けて努力しましょう。

性格も考え方も違うし、平均体温から免疫の仕組みまでまったく違う人なのですから、相手が何を不満に感じるかなんて自分にはわからないのだと、意識的に思ってみてください。

自分が感じている不安を軽視せずに、問題を解決してくれる男性は、いつまでも女性の中で大事にしたい人なのです。

お互いの差を「こんなに違うんだね、私たち！」と楽しく受け止められると、二人の関係はさらに素敵なものになっていきます。

二人の差を楽しんでみてください。自分とは違う部分を受け入れられると、結果的にすれ違いは減っていきます。だって、違う部分があるからこそ必要な存在なのですから。

Message

**お互いのかたちが違うからこそ
パズルのようにピッタリ合わせられる。
違いを理解して愛すること**

いい女はひとりの時間で磨かれる いい男はみんなの時間で磨かれる

「彼がずっとゲームをしています。もっとかまってほしいです。どうしたらいいと思いますか？」と、そんな相談がありました。

仕事から帰ってから寝るまでずっとゲーム。睡眠時間を削ってまでゲームをしていて、話ができないし健康にも悪いから心配しているのだ、と言うのです。

確かに、男性は何かに没頭してしまうと、ずっと無口になってしまうので、話したいことがあっても話せないと、女性は少し寂しい気持ちになってしまいます。

「私と仕事、どっちが大事？」という質問をよく聞きますが、この場合だと「私とゲーム、どっちが大事？」という感じですね。そもそも、他のものと自分を比較するのはよくないです。好きな人がいる場所で好きなことをできるということが、男性にとっては幸せなことなのです。

そして、相手のやりたいことを無理にやめさせてもいいことはありません。「大切な人が楽しんでいること」「大切な人が大切にしていること」を一緒に理解して受け入れられるのが、懐の広い素敵な女性です。

彼がかまってくれないことで、すねちゃう女性なんてみっともないじゃないですか。自分の好きなことを許してくれる彼女から、彼は離れていきません。

ゲームだって健全な趣味ですよね。変なものにはまるよりよっぽどいいと切り替えましょう。

好きなことに没頭している彼を見て、自分も幸せに感じられるくらい成長できれば、相手にとっても心地よく、自分も幸せな気分になれるはずです。

女性はひとりの時間で磨かれます。いい女は、誰かにかまってもらわなくとも、

彼が何かに没頭している時間も、自分の時間を有意義に使えるのです。

ひとりの時間を上手に活用できる人が恋愛もライフスタイルも充実した時間を過ごせるいい女なのです。

私の友だちは、彼がゲームに夢中なので、本人もゲームにはまっていました。

彼女は、恋愛ゲームを３つ掛け持ちして、（ゲームの中で）いろいろなイケメンに引っ張りだこで、「こんなにモテて、てんてこまいだ！」と、話していました。

恋愛ゲームとは、主人公の女の子がいろんな王子様やお金持ちに言い寄られて、どの人にしようか選びながら恋愛を進めていくシミュレーションゲームです。今ではお互い楽しくゲーム三昧です。

私たちは成長していく過程で、考え方や趣味などもどんどん変わっていくものです。

自分が嫌いだと思い込んでいたことも、試してみると意外と好きになることだってあります。

本を読むことに時間を使ってもいいし、ビジネスパーソンなら株を勉強してみてもいいかもしれません。

自分の時間を有効に活用することができれば、恋愛での問題も減っていくはずです。

女性がご機嫌でいることは、恋愛関係において何よりも大切なこと。

男性は、仕事やコミュニティーの中で磨かれるので、女性はそのコミュニティーに割って入らずに、自分の時間を大切にすることが必要です。

そして、**いい男はみんなの時間を大切にできる人です。**

自分の時間を大切にできる能力は、男性のほうが長けているので、自分の時間を有意義に使うことよりも、周りの人とのコミュニケーションに気を配れる人がいい男です。

家族や恋人であれば、「休みの日くらい好きなことをさせてよ」と思うかもしれませんが、それで彼女の気が変わってどこかへ行ってしまっては、そんな余裕だってなくなってしまうかもしれません。

頑張って築き上げた心地よい環境を、しっかり手入れしながら守っていきましょう。

そのためには、

「今日なんかいいこととかあった?」

「最近○○ちゃんはどうしてる?」

というように、少し話題を振るだけでかまいません。

話したいことがあれば、女性はそこから自分の話を始めます。そのときはきちんと耳を傾けてあげましょう。

本来は、好きな人の幸せが自分の幸せになるはずです。それが正しいかたちです。

その考えを忘れずにいることができれば、何かに夢中なパートナーのこともきっと許せるでしょうし、没頭することによって健康の心配をしてくれているパートナーの気持ちだって手に取るように理解できるはずです。

相手を受け入れたあかつきには、もっと深い関係になることができるでしょう。

Message

大好きな人といて幸せ。
いなくても幸せ、が
正しい恋愛のかたち

いい女は嘘を暴かない　いい男は嘘も素直に認める

嘘をつかれて、恋人のことをもう信じられないと悩む人、いますよね。

嘘をついてみてわかることは、「嘘をついてはいけないこと」、これに尽きます。ひとつの嘘をついたために多くの嘘が必要になり、嘘を嘘で固め、結局バレてしまいます。人生一度はみな、そんな経験があるかもしれません。

嘘は結局バレてしまうものだ、というような教えもたくさんあります。ですからできるだけやましいことはなくしていきたい。でも、つい嘘をついてしまうことだってあると思います。

どんなに嘘をつくのが上手い男性でも、女性は嘘を見分ける能力が高いということをしっかり理解しておかなければいけません。
特に女性は会話の能力が高いので男性よりも上手にかまをかけます。会話の中にトラップが多いのです。自然の流れで上手に誘導尋問するので、その反応を見て嘘かどうか見分けるそうです。

何か怪しいなと思ったときに、そっと彼に質問を投げかけるのです。

彼女「昨日、何してたの？」
彼　「昨日は会社の飲み会で、先輩が本当に酔っちゃって大変で、深夜まで付き合わされて、もう本当に大変で、何時に帰ったか覚えてないくらいだよ」
彼女「ふーん」
彼　「先輩ったら、最近彼女とも上手くいってないらしくて、めちゃくちゃ愚痴を聞かされたよ」

彼女「そうなんだー」
彼「なんで？　何してたか聞くなんて、めずらしいじゃん。どうかした？」
彼女「ううーん、別に」
彼「そっかそっか、ならよかった！」
彼女「今ホッとした？」
彼「え!?」

こんな具合で、男性がびっくりすると、自分ではコントロールできない血流が顔に一気に上って真っ赤に。「これは黒だな」なんて思われてしまうかもしれません。
男性はくれぐれも気をつけましょうね。

嘘を暴く能力がそもそも高い私たち女性は、つい相手の嘘を暴きたくなることがあります。
しかし、疑い始めてもいいことはないので、**いい女はなんとなく気づいていても**

聞かないのです。

嘘を暴かずに、このような会話でやめておく。大抵の女性は、この会話の続きで「嘘じゃないなら携帯見せてよ」なんて言い出しそうですが、そんなことをしても仕方がありません。

「嘘はやっぱりつかないほうがいいな」「嘘をついたら絶対バレるな」、そう思わせておくくらいのところで会話をストップさせましょう。そこでケンカをしていては、賢いいい女とは言えません。いい女は、会話の最後に愛を残します。

大好きな人を疑いすぎて、安心という自分の欲求を満たすためだけに嘘を暴くと、愛がすっかり冷めてしまうことがあります。半分疑ったとしても、半分愛の気持ちを心に残しておくようにしましょう。

そして、女性が嘘を暴く能力を持っていると知っている**いい男は、嘘があったとしても素直に謝れます。**

もちろん、嘘をつかないのがいい男ですが、勘違いさせてしまい、結果的に嘘を

郵便はがき

料金受取人払郵便

渋谷局承認

5641

差出有効期間
2019年12月31日まで
※切手を貼らずにお出しください

150-8790

130

〈受取人〉
東京都渋谷区
神宮前 6-12-17
株式会社ダイヤモンド社
「愛読者係」行

フリガナ		生年月日	男・女
お名前		T S H　　年　　月　　日生　年齢　　歳	
ご勤務先 学校名		所属・役職 学部・学年	
ご住所（自宅・勤務先）	〒 ●電話（　　）　●FAX（　　） ●eメール・アドレス （　　）		

◆本書をご購入いただきまして、誠にありがとうございます。
本ハガキで取得させていただきますお客様の個人情報は、以下のガイドラインに基づいて、厳重に取り扱います。

1, お客様より収集させていただいた個人情報は、より良い出版物、製品、サービスをつくるために編集の参考にさせていただきます。
2, お客様より収集させていただいた個人情報は、厳重に管理いたします。
3, お客様より収集させていただいた個人情報は、お客様の承諾を得た範囲を超えて使用いたしません。
4, お客様より収集させていただいた個人情報は、お客様の許可なく当社、当社関連会社以外の第三者に開示することはありません。
5, お客様から収集させていただいた情報を統計化した情報（購読者の平均年齢など）を第三者に開示することがあります。
6, お客様から収集させていただいた個人情報は、当社の新商品・サービス等のご案内に利用させていただきます。
7, メールによる情報、雑誌・書籍・サービスのご案内などは、お客様のご要請があればすみやかに中止いたします。

◆ダイヤモンド社より、弊社および関連会社・広告主からのご案内を送付することがあります。不要の場合は右の□に×をしてください。　不要 □

①本書をお買い上げいただいた理由は?
（新聞や雑誌で知って・タイトルにひかれて・著者や内容に興味がある　など）

②本書についての感想、ご意見などをお聞かせください
（よかったところ、悪かったところ・タイトル・著者・カバーデザイン・価格　など）

③本書のなかで一番よかったところ、心に残ったひと言など

④最近読んで、よかった本・雑誌・記事・HPなどを教えてください

⑤「こんな本があったら絶対に買う」というものがありましたら（解決したい悩みや、解消したい問題など）

⑥あなたのご意見・ご感想を、広告などの書籍のPRに使用してもよろしいですか?

1　実名で可　　2　匿名で可　　3　不可

※ご協力ありがとうございました。

ついてしまったかたちになってしまうことだってあります。
彼女が何か疑っているときは素直に話す、疑いを解いてあげるのが良好な恋人関係を培っていくうえで大切なことです。

真実を語ることはもちろん大切だけれど、それがすべてというわけではありません。真実によって、開き直ることで、傷つく人も生まれます。嘘をつくことはいけないけれども、真実を突き刺すことも正解とは言えない。

大切なのは真実だけではなく、きっと相手を思いやる「気遣い」と「心遣い」かもしれませんね。

Message

追求することは、
戦うことに繋がってしまうことがある。
許すことは、平和に繋がる第一歩になる

いい女は男のプライドを傷つけない
いい男は女のプライドを折らない

「『今までどんな人と付き合ったの？』、そう質問したら、彼が元カノの話を始めてびっくりしたよ」と、知人がそんな話をしていました。

相手が今までどんな恋愛をしてきたのか、過去の恋人の話になることってありますよね。

男性は、ときどき自分の過去の恋愛やどんな人と出会ってきたのか、どれだけ素敵な女性だったかといった話をすることがあります。

「2年前、職場のアイドル的存在の人から、『ずっと好きだったんです』って告白されてさ」とか、「元カノは本当にいい女で、結婚しようとまで思っていたんだけどね」とか。

女性からすれば、「そっかぁ」としか答えられないような話をする男性がいます。「その人を好きになりかけていたのに、そんな話をされて幻滅！」という経験をした人もいるのではないでしょうか。元カノ話やモテ話は女を冷静にさせてしまうのです。

いい女なら、まず、これらの男性の話の要点をしっかり押さえなければいけません。

この類の話で彼が言いたいことは、「俺ってモテるんだよ！」ということです。

いい女は、男性のプライドを理解して、そして傷つけずに男性を立てていく。過去の惚気話《のろけばなし》が始まったら、真面目に聴かずに、「ああ、なんだ、ただのモテ話か」と解釈して、「そっかぁ、○○くんってモテるんだねぇ」と、返しておきましょう。すると、満足して自然と終わります。

モテるってわかってもらえたので、この話が終わるのです。

男性のプライドを傷つけずに、満足させてあげましょう。「男を立てる」ということは、「私はあなたのことをわかっているのよ」と、伝えることになります。

「仕事が忙しい」「上司が大変」「難しい業務をこなしている」と彼が話すのなら、

「仕事できるもんね」

「だから大変なんだよね」

「あなたは他の人より大変な仕事をしていて偉いよ」

と、彼のプライドを満足させましょう。

元カノの話も、仕事の話も、自分を認めてくれているとわかると減っていきます。

「嫌な話をたくさんするな」と思ったら、彼のプライドを傷つけていることが原因かもしれません。意識して話す内容を変えてみてくださいね。

そして、女性にもプライドはあります。今の彼女としてのプライドです。

彼女じゃなくても、目の前にいるたったひとりの女性としてのプライドがあります。

いい男は、そんな女のプライドを折らないでいてくれる人なのです。

基本的に他の女性の話はタブーです。女性は嫉妬深いですからね。

4歳の少女でも嫉妬の感情を持っているくらい、やきもちを焼きます。

特に、どうにもならないこと（過去や容姿）や、彼の愛情が移ってしまう恐れのある人（自分より可愛い女性、自分より能力の高い女性）にやきもちを焼くようになっているので、何かの流れでそんな話になったときは、彼女の異変に気づいた時点でさらっと終わらせるのがスマートです。

少しでも自分に恋愛感情を抱いている女性は、そんな些細な話にもやきもちを焼いてしまいますから、最低限、目の前の女性のプライドを折らないようにお話ししていきましょう。

基本的に、「相手にはプライドがある」ということを忘れずにいたいですね。

相手の考え方やあり方に、尊敬の念が欠けてくると、ついプライドを傷つけてしまう発言が増えることがあります。

人として尊敬の気持ちを忘れないでいることは重要なことです。相手がいつも心地よい言葉を発したら、どんな人間関係も素敵に保っていけますね。

Message

**相手の見えている世界を大切にすること。
相手をまず受け入れ、
尊敬の気持ちを忘れないこと**

いい女は愛することで成長する
いい男は断ることで成長する

「先日、彼に振られました。好きな気持ちがわからなくなったとのことでした。私は彼のことが今でも好きです。このままの関係がとっても嫌なので前に進みたいと思っているのですが、どうすればいいでしょうか？」という女性がいました。

恋愛関係がうまくいかなくなったとき、もう諦めるか、それとも追うのがいいか、どちらがいいのかわからないときってありますよね。

彼は、「好きかわからなくなった」と言っているので、「追ったら彼がかわいそう」という意見もあるかもしれません。追うより追われるほうが幸せという言葉もあります。

好きな人を諦められない場合は、私は追うべきだと思いますよ。

追うというのは、追いかけ回すことではなく、その人の離れていく気持ちを追いかけて見つめていくことです。現実を直視する期間です。

自分の「付き合っていたい」という感情と、彼の「別れたい」という感情をしっかり見つめて、自分の中で理解して、納得していくことが必要です。

彼の気持ちを見ずに、自分の気持ちばかりが先走ってしまうと、彼にとっては迷惑になってしまいます。けれども、納得できないことをそのまま放置して忘れることは、そんなに簡単なことではありません。

その恋愛は、続けるべき恋愛なのか、続けなくていい恋愛なのか、自分の中でしっかりと判断できたとき、すっと前へ進んでいくことができます。

自分が納得できるまで欲しいものを追いかけてみることは大切なことです。見て見ぬ振りをしていると、それがずっと心残りになってしまいますから。

自分の心が傷つききるまで追いかけるということは、自分が一歩成長できるきっかけにもなります。

相手に気持ちがなくなってしまった場合は、元通りの関係に戻るのはとっても時間がかかりますし、どちらかというと難しい道かもしれません。

でも、自分が改善できる余地があるなら、手を尽くしてみる。それが正解なのではないでしょうか。

自分を常に変えていく作業が、どんな恋愛でも必要です。

きっと、何か自分で改善できる点があるはずです。妥協したり、許せないことを許したり、できないことをやってみたり、自分が変われば環境も変わります。


いい女は恋愛で成長する人です。

すべてやり尽くしてそれでもダメだったときは縁がなかった。しっかり諦められるじゃないですか。頑張って、それでもダメなときは自然と自分で受け入れられるはずです。

納得できていないと、次の恋愛には進めません。今の恋愛で成長し尽くして、それでもダメだったら次の恋に移ってみてください。すんなり気持ちが切り替わるはずです。

こういう場合、いい男ならはっきりと真実を伝えてください。相手が傷つくからといって、優しい言葉で相手を迷わせてしまってはいけません。

いい男はきっぱりと断れる人です。

男性は別れ際、彼女が泣いたりすがったりすると無理に断りづらくなることもあるでしょう。

でも、無理なら無理としっかり伝えるのが彼女のためですよ。曖昧な言葉で、変な優しさを見せてしまうと、かえって彼女を傷つけてしまうことにもなってしまいます。

もちろん、男女逆の場合もそうかもしれませんね。

諦めれないことは、しっかり正面から向き合って、自分が諦められるほど向き合ったときにしか辞められません。結果が伴わなくても追いかけて原因を探っていくということは、恋愛以外でも大切なことかもしれません。

そして、別れたい人と付き合っている場合も、相手の気持ちに左右されすぎては関係が最悪な状態になって苦しい時間が増えてしまいます。

自分の意見をしっかり言う強さはいつでも必要ですし、自分で何度も伝えることで、自分も相手もより納得感が強まるものです。

恋も仕事も、思い通りなことばかりではないけれど、目の前の人に誠実に接していくなかで自分をレベルアップさせていきましょう。

Message

その恋愛で成長しきること。
悲しいことも嬉しいことも自分のものにして
自分をレベルアップさせていく

いい女は縛らない
いい男は縛らせない

あなたは、束縛について、どう思いますか？　したことがあるという人もいれば、しないという人もいるでしょう。

多くのカップルはきっと、安心できる相手とずっと一緒にいたい。束縛なんてしたくないしされたくない。そんなふうに思っているのではないでしょうか。

二人で恋愛関係を育んでいけば、自然と安心できるという方程式があれば、私たちは誰とも別れたりしません。でも現実は、長く付き合っていても不安になってしまったり、信じられなくなったりするので、安心できなくなってしまうのですね。

不安があると、その不安を解消するために、相手を把握しようとしたり、縛ったりしてしまいます。自分が安心したいからこそ、そのような行動をとってしまうのです。

相手を信じたいからこそ束縛する、でも束縛することによってお互いのストレスが溜まる。これではお互いの関係が悪くなる一方です。

いい女は彼のすべてを把握しようとしたり縛ったりしません。それが逆効果だと知っているからです。いい女は気にしない強さを持っているのです。

私たちが持つべき力は、不安を察知する力でもなく、それを訴える力でもありません。気にしない、不安な感情をそっとしておく力です。

大好きな人がいるからこそ、「気にしない力」を育てましょう。気にしないのが一番幸せになれる近道です。気にしない程度がちょうどいいはずです。

相手をつい縛ってしまう傾向にある人は、自分の愛が何に注がれているか円グラフにして考えてみてください。

彼に対して100%だと、一見いいように思いますが、彼から同じ量の愛が返ってこないときに縛ってしまいます。

だから、自分で愛を分散させてみてください。友だちや家族、ペットなど。植物を育ててみてもいいかもしれません。自分なりに愛を分散させることで、重い女にならずに済みます。

彼にどこにいたのか、何をしていたかを聞いたところで、不安なときはなんでも不安に感じるものです。「私の不安を無くしてよ!」という気持ちがあると、相手を束縛してしまうのです。

不安なときは、自己責任で解決していくのが精神衛生上、一番いいのです。束縛することで解決してしまうと、相手が安心させてくれない限り幸せにはなれない、悲しい女性になってしまいますよ。

不安なときは、自分が一歩成長するチャンス。いい女は強い、そして、自分で幸せを感じていけるのです。

そして、**いい男は彼女に縛らせません。**不安な彼女の意見にすべて合わせていては、どんどん不幸の道を辿ってしまいます。

短期的に考えれば、「予定を教えて」と言われて、「今日の予定はこうだよ」と答えるほうが簡単だし、彼女のためになっているような気になるのですが、これは間違いです。

いい男の仕事は、きちんと彼女をコントロールしてあげることです。彼女の言いなりになるのはダメな男がやることです。

彼女が自分の予定で一喜一憂しないように、自分のプライバシーもしっかり守っておくことが必要です。

安心して相手とずっと一緒にいるためには、お互いがお互いのことをしっかり思いやれることが大切です。

一緒にいれば、悲しいことも信じられない時期もあるかもしれないけれど、それはお互いが試されているだけ。自分の感情の奴隷にならずに、どうなっていきたいかを考えれば二人で乗り越えられるはずです。

相手のことを気にしないなんて、本来ならとっても簡単なことですよね。

周りには気にも留めてない人なんてたくさんいるのに、大好きな人だからこそ難しく考えてしまうのです。

自分の感情に惑わされすぎないことが、恋愛を上手に進めていくうえで大切になっていくのです。

Message

自由にさせてあげるのが愛。
解き放ってあげるのが恋人の役目。
握りしめて、握りつぶしてしまわぬように

いい女は伝え方が上手い
いい男は流し方が上手い

伝えるのが上手な女性は、相手の受け取り方をちゃんと考えられ、自分の言いたいことばかりを言わない人ですよね。

普段はできるという人も、恋愛になってしまうと自分の気持ちをただ伝えるだけなのに、うまくできません。

恋する乙女は、ともかく勝手にいろいろなことを考えます。まるで別の生き物のように。

すぐにパニックになったり不安になったり、冷静になってから考えると、恥ずかしくて見られないくらい勝手に怒っているときも少なくはありません。

「連絡くれるはずなのにこない！」と思ったとき、大好きな彼にどんなふうにメールしてしまうか（伝えてしまうか）というと、こんな感じです。

「なんで返信ないの？　どこいるの？」

返信がない。また数分後……。

「なんで返信ないの？　何に怒ってるの？」

それでも連絡が来ない。不安はどんどん大きくなって、

「何通もメールしてごめん。連絡待ってるよ」

「なんでメール見てないの？　いつもなら見られる時間だよね？」

「さみしいよ……」

「（不在着信）」

「（不在着信）」

と、時間をあけて繰り返したら、男性から、「ごめん、地下のお店だった……。もうすぐ家だよ！」と連絡が。

「え？　怒ってなかったの？……」と、早とちりすることがあります。

こんなふうに怒ったり悲しんだり謝ってみたりと、目まぐるしく気持ちの浮き沈みを繰り返して、空回りすることもあります。男性からすると、本当にびっくりですよね、わかります。ただ、そのとき女性は本当にこう思っているのです。

いい女はもちろん、こんなメールは送りません。**いい女は、自分のメッセージをもっと上手に伝えます。いい女は伝え方が上手いのです。**

冒頭に書いたように、不安なときに相手からレスポンスがないと、不安は増すばかり。

自分の不安な気持ちを上手に伝えるためには、不安を怒りに変換しないことが重要です。

大切な彼のことを気にかけているのに、「心配している私の気持ちをわかってよ！」と、怒ってしまうと、大切に思っていることがわからなくなってしまいます。

いい女になるための対策として、こんな空回りを起こさないためにメールで送る前に紙で書いてみたり、携帯から離れてみたり、気を紛らわせるためにあえて出かけてみたりして、その感情が収まるのを待ちましょう。

上手に伝えるためには感情的なときに伝えるのではなく、いったん冷静になってからではないと上手く伝えられないのです。

自分の感情を伝えたいときには、そのように心を落ち着かせたあとに、できるだけ可愛く、甘えて「心配だよ〜」と伝えるくらいがベスト。どうせ気持ちを伝えるなら可愛くいきましょう！


そして、**いい男は流し方が上手い。**

男の人は、長文メールが入っていたり、連続でメールが入っていたりするときは「読まない」でください。いい男は女性が怒っているときにやり過ごすのが上手いのです。

読むとむかつきます。だから読まないようにしましょう。

感情をぶつけるという時点で、彼女の気持ちは少なくとも落ち着きます。

感情的になったまま文章を送った側は、送ったあとに「悪かったなぁ」と反省モードに入りかけています。そんなときに、感情的なメールを送り返すと、また怒りが再燃します。そうならないためにも、直接会うか電話するかで、こう伝えます。

「忙しくてまだ全部メール読めてないんだけど、悲しい思いさせちゃったよね。今聞くから教えてくれる？」

そんなふうに言えば、お互いに寄り添うことができます。

好きだからこそ不安になる。不安をそのまま伝えるとストレスになってしまう。だからこそ、**不安は怒りに変えずに可愛さに変えてみましょう。**

不安になったときには、以前に不安になったときのことを思い出してみてください。

結局、何もなかったことを思い出すはずですよ。

Message

相手がどう受け取るか、
自分の言葉を一度違う目線で見る。
それを忘れないこと

いい女は質問上手
いい男は察し上手

女性はいつでも愛情を欲しています。女性が、「最近、愛情表現が足りていない」と感じているのに、男性はそんなこととはまったく知らなかったとします。付き合って好きという気持ちが増すと、愛情を確認したくなるのです。たとえば、こんな感じです。

「もう出会って半年になるね♡」
彼女がそう言うと、彼はそのまま、
「そうだね」

と返します。

しかし、彼のこのあっさりした言葉では、彼女の愛情表現が欲しいという欲求は満たされていませんし、彼もまさか愛のある言葉が欲しいとはこの彼女の一言からだけだとわかりません。

大抵の男性は投げかけられた質問に対して、「ＹＥＳ」か「ＮＯ」で返事をするので、彼にとっては正しい返答です。

次に、愛情表現が満たされていない彼女は、「私と出会えてよかった？」と、さらに質問します。

人は、納得いかない話題に関して、終わりかけていても続けて同じ話をするものです。彼は愛情表現が足りていないということに気づいていません。

「もちろん嬉しかったよ。ところで……」といったように、話題を変えたときには、一気に彼女のテンションが下がってしまう、というようなことが起きるのです。

そんなことが重なっていくと、あるとき、「もう私のこと好きじゃないの？」「好きじゃなくなったみたいで寂しい」と、悲しいモードに発展していくのです。

いい男は、言ってほしいことを察してくれる人です。

彼女の少しの異変を察知したら、まず愛情表現をしてみてください。

「もう半年も経ったんだね、楽しいことがたくさんあって、あっという間だったね。これからもたくさん思い出を作っていけたらいいね」

というような、プラスアルファの言葉で彼女を落ち着かせてあげましょう。

男性は、「一緒にいるんだから好きに決まってるでしょ」と思うのですが、女性はいつも確かめたいので、うんざりするくらい伝えてもちょうどいいくらいです。

いい女は、察してほしいときに、上手に質問をします。

女性も、自分の気持ちが伝わりやすくなるように努力しなければなりません。

男性は女性が何も言わない場合、特別問題がないと思っています。

女性は気づいてほしいからこそ、静かに小さいサインを送るのですが、そんなサインには気づきません。

まどろっこしい質問ではなく、自分は何をしてほしいのか、何を言ってほしいのかを伝えられるようにしていくほうが悩み事が減りますよ。

自分の感情を言語化していくことで、相手にもその理由が伝わりやすく、自分もなんで辛いのか、苦しいのか、分析できるので楽になります。

「夜中で会えないし寂しい気分だから、何か甘いこと言ってくれる?」

「最近私のこと好きか不安だから、好きって言ってほしいんだけど、いい?」

と、こんなふうに伝えるのもひとつの手だと思います。

重たく言うと、男性は怒られた気分になり嫌がるので、少し面白く聞くのもポイントかもしれませんね。

頼る感じ、そして「ＨＥＬＰ！」と助けを求める感じがいいでしょう。どうすれば問題を解決できるか、明確なほうが男性は助かります。

男性は彼女の気持ちを察するために、彼女の感情を読み解く意識をすること。女性は自分の感情がどうなっているのか分析すること、そして、上手に彼に頼ることによって、より快活で幸せな恋愛関係を築くことができます。

Message

愛の言葉は、充分すぎるくらいでちょうどいいもの。
毎日後悔のない愛の言葉を使うこと

いい女は直感を疑う
いい男は言葉を疑う

女性は直感が優れています。ただし、**いい女は直感に頼りすぎません。**

たとえば、女子向けのボディーソープのお店で買い物をしたレシートを彼の家で発見したとしましょう。

そんなとき、女性はこんな妄想を繰り広げます。

「自分はそんなもの貰っていないから誰かにプレゼントをあげたのかもしれない。女の子へのプレゼント？　誰へのプレゼントだろう。もしかして気になる女の子でもできたのかな。私にはプレゼントくれないのに、他の女の子にはプレゼントしているのかな。私大切にされていないのかな。悲しい。……絶望」

こんなすれ違いを避けるためには、直感を頼りにせず、こまめに情報を共有することが大切です。

連続して直感が当たってしまうと、自分を疑うことを忘れてしまうことがあります。女性はその妄想が始まると、そのふくらみを止められません。推測なのにもかかわらず、「絶対にそうだ！」と思い込んでしまうことがあります。

気になることはさっさと聞きましょう。聞いて嫌われたらどうしようと考えるよりも、ちゃんと聞いて勘違いをなくしましょう。勘違いして必要のない悲しみを味わう必要はないのです。

わからないことはなるべく先に聞いておくべきです。時間をあけるほど重い問題になってしまいますので、さらっと聞くのがオススメです。

「このレシート見たんだけど、誰かへのプレゼントだった？　後々すごい不安になると嫌だから先に聞いてみた！」

と、どうして聞いたのか、補足説明するとなおいいでしょう。

「あ、それ先輩にお願いされて買ったやつだよ」

あんなに心配になっていたけど、こんな結末もよくあります。悩み損という感じです。

女性は、「もしかしたら愛されていないのかもしれない」という部分を見つけては、溜めてしまう傾向があります。

悲しむかもしれないときは、サバサバとその問題をクリアにしていくことが、心もクリアないい女にとって必要なことです。

男性は、「俺のことそんなに好きなんだな」とポジティブに解釈していきましょう。

いい男は、女の言葉を疑います。女の不満を言葉どおりに捉えずに、不満をポジティブに捉え直すのです。

できれば、彼女が不安に思いそうなポイントを押さえてみてください。ランダムに不機嫌になっているように見えますが、意外と共通点があるものです。

傾向と対策がつかめれば、男性も対応しやすいはず。彼女が怒っているときにそれに巻き込まれずに、傾向と対策を練ってみてくださいね。

彼女をマスターできれば、職場や友だちなどいろいろな女の人に応用できますよ。


女の直感は、ポジティブに使いこなすのが一番。「この人はこれをあげたらきっと喜ぶ！」「あの人はこんな場所だったらきっと好きだ！」、そんなふうに、大切な人を喜ばせるために磨いていきたいですね！

Message

自分が正しいと思い込んでいること自体を忘れてしまうときがある。自分を疑うこと。それは相手の理解に通じる

いい女はツッコむ いい男はボケる

近年、男女で巻き起こる問題の多くに携帯があがります。小さな四角い携帯の中には知らないことがいっぱい詰まっています。見えないものだからこそ、不安になることがありますよね。

いい女とダメな女の差は、不安の消し方です。不安を深掘りすると、結局不安になってしまいます。

不安なとき、その原因を確かめて安心しようとしてしまいますが、それは間違いなのです。不安の行動から生まれるものは不安しかありません。

恋人を好きすぎるあまり（ということを言い訳にして）、携帯をチェックしてしまったことがある人は、結構いると思います。

メールのやり取り、電話、写真など、見たくないものを見てしまい、結果、見たことで怒られて、「携帯なんてなければよかったのに……」と思ったことがあるかもしれません。

普段気にならないことでも、携帯という存在のせいでいろいろなことが気になってしまいます。ただ、携帯を見ることで、何かが解決されるということはほぼありません。

覗き見していいことなんて起こるはずないのですから。

ひとつ覚えておかなければいけないことは、他人のすべてに安心できることなんてないということです。不安なのは愛されていないからではなく、不安な状態に慣れていないからです。ただ、それだけの場合があるのです。

彼が帰ると言った時間に帰ってこなかったり、夜遅く飲み会に出ていったりするのが不安なのも、それに慣れていないからです。

結婚して何年も経つと、旦那さんの帰りの時間がそんなに気にならなくなるはずです。それは、そんな状況にも慣れて、ちゃんと帰ってくることを知っているからです。

不安に慣れれば不安に強くなります。愛されることに慣れてしまうのと同じように。

不安をすべて解決しようとしないことが、恋愛を上手に育んでいくうえで、とても大切なポイントとなるのです。

不安になったときには、

「悲しいことに、あと数年もすれば何も心配ではなくなるのにね」

と、自分にツッコミを入れていきましょう。

ツッコミを入れることは、自分を冷静にする技術のひとつなんですよ。心理学の催眠術の授業のとき、「とはいえ、催眠にかかるなんてそもそもおかしくない？」と、自分にツッコミを入れると、「催眠すらかかりません」と習いました。

「何、不安になっちゃってるんだ。私って可愛いな」

そんなふうにツッコめたら、驚くほど不安がなくなります。

不安な気持ちに振り回されず、**自分にツッコミを入れられるくらい冷静ないい女**になりましょう。

さて、男性はというと、相手を不安にさせないことが第一優先です。そして、極力相手に自分の携帯を気にさせないことが重要です。一度気になったら、ずっと気になってしまうので。

話の最中なのにずっと携帯を気にしていたり、夜中に誰かからの着信がずっとかかっていたり、家にいるのにずっと携帯を触っていたり……。

仕事だとしても、そんな小さな不安の積み重ねでどんどん不満が溜まりますからね。

もし、彼女が少し不機嫌になったとしても、毎回シリアスな雰囲気にするのではなく、**いい男は楽しく、ボケ担当のように雰囲気を明るくします。**すると、女性の気分はすぐに戻ります。

「ずっと携帯みてる～！」と彼女に指摘されたら、「そうだよね！　ごめんね！　携帯もうやめよう！　なんならいらない！　おいで!!」と、明るい雰囲気を醸し出すいい男になりましょう。

不安なことがあっても、夫婦漫才のように笑い飛ばせていけたら、いろんな問題も楽しく解決していけそうですね。

ラブラブした感じがなくなったとしても、笑いがあればどんなカップルもずっと一緒にいたいと思えるはずです。

将来的には笑いの絶えない家庭を想像できるって、本当に素敵なことですよね。

Message

笑いがあれば、
不安なことも自然と解消される。
いつも朗らかに

いい女は尽くし上手
いい男は尽くさせ上手

「大好きな彼に、一生懸命尽くしています。でも、その効果はあまりないように感じます。彼がもっと夢中になってくれるためには、どうすればいいのでしょうか？」と、相談を寄せてきた女性がいました。

彼に夢中になってほしいから、一生懸命尽くす女性は可愛いですし、尽くせる女性って魅力的ですよね。

男性は、やっぱり尽くされたいし、尽くす女性はモテるという概念があると思います。

でも、彼を夢中にさせたいからという目的のある「尽くす」は、正しいかたちとは言えません。彼のことが好きで、自分ができることを誠実にやっていき、最終的に尽くしていたという場合が、模範的な「尽くす」のかたちです。

いい女は尽くし上手です。

「尽くす」とは、「精を出す」「夢中になる」「ある限り出す」という意味で、惜しみなく相手に愛情を注ぐことで、自分ができることを相手のためにしてあげることです。

そんな「尽くす」にも、正しいやり方があるのです。

正しい状態は、自分がノンストレスで相手に与えることができる状態です。相談者のように「ちょっと無理しているな」と感じたらすでにアウト。尽くし上手なポイントは、自分が無理なくずっと続けていけることです。

たとえば、彼が自分の家にお泊まりに来た日、いつもより気合を入れて彼が来る前に食材の準備をして手料理を振るまい、次の日の朝、彼が起きる前に朝食の準備をする。実はこれが尽くし下手な女性の一例です。

つい頑張りすぎて、続けられないことをはじめからしてしまうことで、「こんなにできちゃう人なんだ！」と、相手の期待値はあがってしまい、輪をかけてストレスになってしまうのです。好きだからこそ精一杯できることをやってあげたくなるけれど、その気持ちを上手に操らなければいけません。

だからこそ、**自分がありのままの自分でいることが愛されることの近道**なのです。彼ができないこと、私は簡単にできてしまうことを見つけること、またその逆を見つけていくことが、二人をさらに強め、お互いが尽くし合える関係を作ってくれるのです。

さらに、**いい男は、「もっと尽くしたいな」と女性に思わせてくれる人です。**先に尽くすことで自然とそれが伝わって心地よく尽くし合える関係性が築けます。「何かしてあげたい」「何かしてあげよう」という気持ちがないと、相手が一生懸命尽くしてくれていることに気づきません。だからこそ、先に尽くしていくこと。それで気づくことはたくさんあるのです。

具体的に言うと、男性は自分のやるべきことを真面目にこなすことです。それが彼女へ尽くしていることになります。

仕事を頑張る、勉強を頑張る、結果を出す。自分のことに集中することで、もっと尽くしたいと思われる男性になるのです。

自分のやるべきことに一生懸命な男性は、いつでも素敵に映ります。そんな一生懸命な人に自分のできる限りの力を尽くしたいと女性は思うのです。

正しく尽くしていると、「自分は相手のために尽くしている」なんて思ったりはしません。だって、無理なく自分のできる範囲でやっているわけですから、「私は尽くしています」なんて日々思ったりしません。

ベストなのは、お互いが尽くしているという実感があまりなくて、自分ができることを精一杯している状態。そして、相手からは「尽くしてくれてありがとう」と感謝されている状態です。

頑張るけれど、頑張りすぎない。この力加減は難しいですが、楽しく尽くせている状態が続くと、「こんなことをしたらもっと喜ぶのではないか」というアイデアが、きっとたくさん生まれてくるはずです。

「今、尽くしすぎているかも」と思った人は、無理をやめていきましょう。そのことで、二人の関係をよりよくしていきましょう。

Message

見返りを求めない。過度な期待をしない。
楽しく気ままに、の気持ちで、
バランスがとれるのが恋愛というもの

いい女は迷わない
いい男は迷わせない

恋愛の経験が増えていくと、今の彼と、前の彼を無意識にも比べてしまうことが出てきますよね。

今の彼と合わないことがあると、前の人はここがよかったなと思い出してしまったり、もしかしたら前の彼のほうがよかったのではないかと迷ってしまう人すらいます。

でも、なにごとも、迷っていてはいいことはありません。迷いながら物事を進めていくと、何がいいのかわからなくなってしまいます。

だから、**いい女は迷わないのです。**

「本当にこの人でいいのかな？」と迷いながら幸せになれることなんてありません。「私はこの人と幸せになる」とまず決めて、そして、そのように努力していくからこそ幸せになることができるのです。

過去の人がいいと思うことって、実際あるかもしれませんね。

いなくなった人を後々大切に思うことは、恋人だけに限ったことではありません。飼っていたペットのこと、可愛がってくれた祖父母、いなくなって気づくことはたくさんあります。

「あのとき、なんでもっと大切にできなかったのだろう」、多くの人はあとになってこう思います。いなくなったからこそ気づいたのですね、「本当に素敵な存在だった」と。

いなくなったからこそ、大切に思えたということです。

でも、これは、「今の彼を捨てて過去の恋人を大切にするべきだ」ということではありませんよね。

いなくなった人が教えてくれることは、「今、目の前にいる人を大切にしていきなさい」というメッセージだと思うのです。

たとえ、すごくよくしてくれた人と別れて後悔していても、別れた時点からお互い別々の人生を歩んでいます。

まったく違う場所で生きているので、過去の彼は、今はもう違う人。あなた自身だって、きっとそうです。

だからこそ、過去と比較して迷わず、今を大切に生きることが大切です。目の前の人を大切にすることがベストです。

恋人と別れるときは、本当に嫌いになってからです。迷わなくてすむくらい、「もう嫌だ」としっかり思えてから進むことです。

迷ってしまうことは、確かにあるかもしれませんが、迷わせないこともひとつの技術です。

そして、**いい男は彼女のことを迷わせません。**

迷わせちゃったからこそ、元彼がよかったかなと思わせてしまうのです。

大切な彼女を迷わせないための方法は、将来の話をこまめに話すことです。

「将来はこうしようと思ってるんだ」「こんなふうにしたらどうかな？」と、一緒に未来のビジョンを確認していくことで、女性は安心できます。

やがて、なるべく計画どおりになるように頑張ろうと動いてくれるはずですよ。

自分と一緒にいることで、どれだけ素敵な未来が待っているか、しっかり伝えることができれば、彼女も同じ方向を向いてくれます。

ほったらかしにしていると、彼女はふと、「元彼のほうがいい……」なんて思ってしまいますよ。そんなの寂しいじゃないですか。二人の将来を考えてこまめに伝えていきましょうね。

将来が決まっていることは、自分たちの船を進める方向を決めることと同じです。

将来どうしようかと話さない限りは、お互いが別々の方向へ進んでしまい、船は崩壊してしまいます。

将来を決めることで迷いが減ります。つまりストレスが減るということです。

自分の未来が見えていれば、その未来をより素敵なものにしていくアイデアだって生まれてきます。たくさん素敵なアイデアを出せるカップルになりましょう！

Message

迷っている間に
見逃してしまうものがあると知ること。
だから、迷う時間を減らすこと

第4章

相手を想う

いつまでもずっと一緒にいるために……

いい女はバランスをとらない いい男はバランスをとれる

女性にとって、女子会は憩いの場ですよね。女性は男性に比べて、みんなで集まる機会を定期的に設けて、意見や情報を交換します。

女性にとっては憩いにもなるこの時間ですが、同時に注意も必要です。友だちの意見を聞いていると、無意識にも、相手と自分の差を感じて、周りと自分を自然に比較してしまうことがあるのです。

先日、カフェで仕事をしていると、30代の女性が数名お店に入ってきて、長テーブルでわいわいと話を始めました。

「洋服はどこで買っているの」「彼とはどうなの」「子どもを産んだ友だちはどうしているの」など、そんな話を楽しげにしていました。
時には、「○○はもっとこんなふうにしたほうがいいんじゃない？」「それはダメだよ〜」などとざっくばらんに話しているのですが、このアドバイスが意外と心に残ったりするのです。

仲のいい友だちだからこそ、「その意見を受け入れるべきかな」と、悩みます。たくさんの人といる機会が多いと、自然と周りとバランスをとってしまうのです。
周りとバランスをとろうとすると、その凛とした強さが半減してしまうので、考えもの。**いい女は、バランスをとりません。**多くの意見をとり入れすぎないことが大切です。

凛としている女性は素敵ですよね。いつも周りの意見に惑わされない強さを持っています。それが、凛としているということです。

他の人の意見に振り回されない、他の人に合わせすぎないほうが快活に生活できますよ。

境遇も生活も違うわけなので、「私は私」という芯を持った考え方をしていれば、悩み事も生まれないものです。

では、どうすればバランスをとらない、凛としたいい女になれるのか。それは多くの人に相談しないこと。多くを語らない精神を持つことです。

集まることで、自分の悩みごとを話していると、それだけでなんとなく現状に満足してしまう効果があります。

相談事もなるべく多くの人にするのではなく、自分が目標とする生き方をしている人に相談するようにしましょう。

女子会は、悩んでいる人がいるときに開催されることが多く、お悩み大会になってしまうこともしばしば。女性たちが集まって、今頑張っていることだけを共有することなんてほとんどありませんよね。

男性が集まると、上手くいっていることを話し合う場合が多いので、ここが男女の差です。

自分が責任を持って自分を幸せにしていくうえで、群れることは重要ではないのです。

- いろいろな意見にバランスをとろうとせずに、自分がどうしたいのかを考えていくこと。
- 周りにどうすればいいかという選択を委ねないで、自分で決めていくこと。
- 相談するなら周りの人ではなく、自分の尊敬している人に意見を聞くこと。

そうすることで、凛としたいい女になれるのです。

逆に、**いい男はバランスをとれる人です。**

彼女の意見や、仕事では上司の意見、会社の意向に合わせてバランスをとっていくことが大切です。

男性は、女性のようにいろんな人に相談したり、近況を事細かに話すことよりは、あまり何も語らない場合が多いですし、相談せずにいろいろ決めてしまう人もなかにはいますよね。

恋愛関係の場合だと、大切な人が困ったり悩んだりしたときはなんでも聞きたい。

彼女はそう思っているはずなので、まったく語ってこなかった人は、些細なことでも話してみること。二人の関係がよりよくなることでしょう。

女性の共感能力の高さは、上手に使いこなさないとムダに悩みごとを増やしてしまうことになりかねません。自分の道を自分だけで決める練習をすれば、自信を持って人生を歩むことができますよ。

Message

**周りの目を気にする必要はない。
自分を信じて、大切な人に恥じない選択を。
その連続が凛としたあなたをつくる**

いい女は欲しがらない
いい男は与えすぎない

男性からモテる女性というのは、「欲しい」が少ない女性です。

「奢ってほしい」「買ってほしい」「養ってほしい」――そんな「欲しい」があればあるほど、重い女になってしまうのです。

男性が勝手に「奢りたい」「買ってあげたい」「養いたい」と思ってそうなるのが正しい流れですよね。

余裕がないと、ついその欲が先立って大きくなってしまいます。

余裕があるいい女は、欲しがらないのです。多くを望みません。

自分でできるから望まなくても大丈夫なのです。それくらいの余裕を感じさせることができたら素敵です。

自ら余裕を持つためには、やるべきことをしっかりやること。大人の女性であれば、仕事を頑張ることは余裕への一番の近道です。

自分の能力を高めるために頑張っていけば、自信もついて心に余裕ができます。恋愛以外に頑張るものがあることは、人生にとってとても大切なことですよね。

いい女は仕事もバリバリとできます。養ってもらって、渡されたお金の中で、「なんか悪いなぁ」なんて思いながら買い物をするよりも、欲しいものを自分で買える女性って、余裕があって素敵だと思いませんか？

自分で生きる力を持っていれば、不安も少なくなりますし、多くの選択肢の中から自分の人生をチョイスしていくことができます。

欲しがらない女性は、欲しがる女性より数倍魅力的で男性からも人気があるのです。

ものを欲しがれば、「ものが欲しいから自分と付き合っているのかな」と思わせてしまいます。

困っていることを助け合う関係になれば、自然と問題は解決していきます。

自分が頑張ったうえで出会う人のほうがいいと思うのです。

そして、**いい男は与えすぎません。**

愛情もものも、変に与えすぎるのは不安な証拠です。何かを与えていなければ、不安でいられないのです。

だからこそ、与えすぎない男性のほうが余裕があります。

「この人が離れちゃうかもしれない」と、思って無理にお金を使いすぎると、一気に相手のことを嫌いになったりするので、本末転倒です。

付き合っていくなかで、「自然と何かしてあげたい」「それだけしてあげても全然苦じゃない」と思えるほどの愛情が芽生えれば、惜しみなく自分が頑張って稼いで彼女を喜ばせてあげてくださいね。それって本当にいい男ですよね。

女性は自分が頑張って、自分のことを自分でこなすだけで、いい女になれるのです。

相手の負担を減らします。気分的にも精神的にも。彼の負担を減らすことに繋がります。

何もいらないくらい幸せだし、欲しいものは自分で買える、という女性は自分も周りも幸福にします。

Message

**自分で自分の人生の責任をとる。
それができるくらい自立して、
そのうえで自立した恋愛をすること**

いい女は頼り上手
いい男は助け上手

大好きな恋人ができたとき、「もう一歩深い関係になりたい」と思うことがありますよね。楽しく恋愛して、もっと長く深く一緒にいたい。そんなとき、皆さんはどうしているでしょうか。

多くの女性は、相手のことが好きだからこそ、ついなんでもしてあげたくなります。彼にとって、かけがえのない存在になりたいからこそ自分のできることはすべてやる。できないことも習ってできるようにする。そして、彼を助けてあげる「スーパーデキ女」を演じてしまいがちです。

「彼を助けられるからこそ、かけがえのない存在にきっとなれる！」

そう思うのですが、これが後々自分が苦しくなってしまう原因になるのですね。

お互いにストレスフリーで支え合える関係にならなければ、深い、かけがえのない存在にはなれません。


恋人からかけがえのない恋人になるポイントは、「相手に頼ること」なのです。

なんでも言うことを聞いてあげることとは真逆のこと。無理しないで、自分の等身大を見せていくということです。


頼ることで、お互いが切っても切れない関係になっていきます。

頼るといっても、わがままとは違います。

お互いが遠慮しすぎていて、本音が言えないことにストレスを感じているカップル、そして恋愛の初期から抜け出すために、必要なのが、思い切って相手に頼ってみることです。

遠慮しすぎて頼らないと、相手も自分の存在価値に不安を抱いてしまいます。

自分が困っているとき、素直に相手に頼ることが、頼られた相手にとっても「自分がいてよかったんだ」と納得できるきっかけになるのです。

私たちは恋愛関係の中で、「自分がいてよかったんだ」と、自分の存在意義を深く確認できたとき、恋人からかけがえのない恋人へと関係を発展させていくことができるのです。自分が相手を助けてあげるだけでは、相手が、「自分にできることないのかな」と思わせてしまうかもしれません。だからこそ、節度を持って頼ることです。

私たちはお互いが影響し合っていることで、相手にとって意味のある存在だと思えるようになっています。

「自分の意見がきっかけで考え方が変わった」

「自分がいることによって恋人が幸せそうだ」

と頼られた側が思えるとき、自分は必要な存在なのだとわかるのです。

自分が何かしたことで、相手が喜んだり感謝したりするようなプラスの変化によって、恋愛関係がさらに深まります。

その関係を保つためにも、「頼ること」が大切なのです。

頼ることは、二人の関係を保つためのひとつのツールです。

助けるだけよりも、上手に頼ることがお互いを深い関係にしていくということがおわかりいただけたでしょうか。

頼る側にももちろんメリットがあります。

「ありがとう」と思える機会が多いほど、そしてそれを口に出して伝える機会が多いほど、相手も自分も幸せな恋愛関係を保っていけるのです。

頼る側に大切なのは、相手に感謝するということ。「頼る」→「助けてもらう」→「感謝する」という流れが一番大切なのです。感謝できることが多いほど、お互いが幸せになれるのです。

たとえば、簡単なことだけれど、「ゴミを出してもらっていい？」とお願いして、出してもらったらお礼を言う。感謝の気持ちを伝える。それを日々忘れないことが、頼るうえでのルールです。

自分の存在意義を感じられる場所は、人にとってものすごく重要です。切り離せないような場所です。

「頼られる」→「助ける」→「感謝される」を積み重ねると、自分は相手にとって絶対必要な存在なのだと自信を持つことができます。自信をもてる場所から相手が離れていくことはありません。

たとえ、二人の関係の中で小さなケンカや問題が起こったとしても、あの人は自分がいなきゃダメだという気持ちが、相手を心の深い部分でつなぎ止めるのです。必要とされる人であることが、人間の深い欲求だからです。

いい女は、上手に頼ってたくさん感謝できる人です。 自分ができないことをどんどん頼っていき、感謝を重ねましょう。

男性は、誰かに合わせて生きるより自分勝手に生きるほうが得意です。男性は自分中心で生きていく能力のほうが高いのですが、**いい男は大切な人ができたとき、しっかりと相手を優先することができます。**彼女との恋に夢中になれるのです。

恋人とは常に凸凹な二人が一緒になります。「相手に合わせよう」「相手の意見を全部受け入れていこう」ではなく、自分が困ったときはきちんと頼っていきましょう。

そんなときは、必ず感謝の気持ちを忘れないこと。感謝する気持ちがあり続ける限り、二人の関係はずっと深くなっていきます。

Message

頼ること、そして助けてもらうことは
深い愛のやり取り。心の遠慮が
なくなったとき、もう一歩深い関係になれる

いい女はマイペース　いい男はユアペース

「3年付き合っている彼と結婚したいのになかなか切り出してくれません。私は彼と結婚したいのですが、彼は乗り気ではないのでしょうか。彼のためを思って、別れるべきでしょうか？」

先日こんなお悩みをいただきました。何年か付き合い、真剣だからこそ生まれる相談ですよね。

結婚にまつわる問題をクリアできれば、どんなときでも乗り越えられるし、それを二人で乗り越えられないのであれば、一緒になったとしてもきっと、何かの問題でいつか別々の道を歩んでいくことになるかもしれません。

結婚前には、たくさんの試練が起こるものです。

いい女はマイペースに生きていくことができる人です。

彼を気遣って、彼に振り回されていてはもったいない。人生は自分で切り開いていくほうが楽しいものです。

彼のことを気にしすぎずに、自分の思いどおりのかたちを提案していけば大丈夫です。彼のタイミングを待つのも大切だけど、それだけではすれ違いが起きてしまうことがあります。

とても気弱な彼と付き合っている私の友人は、付き合う前に彼がなかなか告白してくれないから、「告白しても絶対振らないよ！」と彼に伝えたのだそうです。すると彼は、「え！　そうなの？　振られるかと思ってた！」とびっくりして、振られないことがわかると、すんなり告白してくれたそうです。

もしも結婚したいのであれば、彼女のように「絶対に断らないから、プロポーズしてね！」なんて、軽く伝えてみるのもいいかもしれません。

彼は意外とひとりで不安になっているのかもしれません。待っているだけではわからないことってたくさんありますよね。ポジティブな行動あるのみです。

すぐに「別れたほうがいいかな」と思うのはキケン。後悔の原因になることもあります。実際、別れてから元彼に未練を抱く人は全体の4割ほどいるそうです。「女性は上書き保存」などとよく聞きますが、本気で結婚しようとしていた人を忘れることは結構難しいことです。

すれ違っているだけなのに自分の人生が大きく傾いてしまってはもったいないですよね。

特に、結婚前は「それでも相手を愛せますか？」という試練があると思っておいてください。

「別れそうになりました。それでも愛せますか？」と試されているのだと解釈してみてください。

そう考えると、途端に何か惜しい気がしませんか？　試されているだけなら、そんな引っ掛け問題にはまってはもったいないな、と思うはずです。

国籍が違う。宗教が違う。子どもが産めないかもしれない。身体が不自由である。何か障害がある。家族に問題がある。それでも愛せますか？

相談の中には、いろいろな重い悩みが届くこともちろんあって、そういうカップルと比べると、本当に幸せだということが実感できるかもしれません。

結婚って、「それでも愛せるか」を試すものなのかもしれません。

そして、**女性のペースをしっかり考えられるのがいい男です。**

いい男はユアペース。女性のマイペースに合わせていくといいでしょう。

女性はいろんな期限や制限があります。そもそも子どもを産むのに適齢があるので、ライフスタイルを考える際にいろんなことを考えますから、彼女の意向をしっかり汲んであげてください。

そうはいえども、「養うのが大変」「まだ責任を持てない」という場合だってあると思います。

でも、責任って、負っていくなかでこなしていくものです。

たとえば、店長の仕事ができるから店長になるのではなくて、店長になったからこそ店長として頑張り始めるわけです。

最初からすべてできる人なんていませんし、できなくていいと思います。大切に考えすぎて保守的な選択になることがあるので、あえて挑戦していくことで、男としてよりいい男になるはずです。


恋愛において、女性はマイペースを貫けば、自分も相手も楽しい恋愛ができます。相手の心配ばかりせず、「人生こうしたいんだ」と、自分で決めてみてください。

自分を捧げすぎないことが、結果的に快活な恋愛生活に繋がります。

そして男性は、女性のペースに合わせてあげることで、それを幸せだと感じられるくらいになれば、懐の広いカッコいい男性の仲間入りです。

人生にはきっとところどころで難しいことがちりばめられていて、それは乗り越えるためにあるのだと思います。

ひとりでは乗り越えられないことも二人でなら乗り越えられる。一緒にいることで心を強く持てる人がきっと一生のパートナーです。

そして、未来はどんどん変わっていくので、楽しい未来に自分でしていきましょう。

Message

多くの問題を一緒に乗り越えるからこそ、ずっと一緒にいられる

いい女は恋で美人になる
いい男は恋で美人にしてくれる

２００８年に『「婚活」時代』が出版され、結婚相手を見つけるための活動を「婚活」と呼ぶようになりました。

実際にどのくらい生涯未婚率（50歳時の未婚割合）が上がっているのでしょうか。国立社会保障・人口問題研究所の人口統計資料集によると、２０１５年では、男性23・37％、女性14・06％となっています。

男性は約４人にひとり、女性は約７人にひとりが結婚しないという時代。１９８０年は、男女ともにこの未婚率は５％以下だったのに、今では結婚する人が減ってしまいました。

望んで結婚しない人もいれば、じつは結婚したい人だって多くいます。

最近では、婚活の番組や、ネットの有料放送での婚活サバイバル番組などが人気を博しています。婚活の番組などを見ていると、他の人がどんな観点で結婚相手を選ぶのか垣間見られて面白いものですよね。

結婚するでも、しないでも、私はどちらでも素敵な人生を送ることができると考えていますが、もし結婚したくて婚活している人は、ひとつ注意が必要です。

この「婚活」には、ひとつの落とし穴があるからです。

「好きな人が欲しい」という気持ちと、「結婚相手が欲しい」という気持ちは、近いようで若干違いますよね。

ただ好きになるだけなら優しい人がいいけれど、結婚するならスペックも必要。結婚相手として適切な人かどうか見ようとすると、自分のことは棚に上げて、相手への条件ばかり高くなることがあります。

最初から条件やルールが多いと範囲が狭まりますので、結果的にずっと結婚できない人が「婚活」によって生まれてしまうのです。

検索も同じです。「ヨガ　東京」と入れれば、ある程度の数が引っかかります。先生の技術がすごいとか、施設の設備が充実しているとか。それぞれにいい部分があります。

でも、失敗したくないと思い、欲が深くなってしまうとどんどん検索ワードが増えていきます。

「ヨガ　東京　六本木　イケメン講師　年収1000万以上　優しい　背が高い」、婚活の条件を増やすことは、これと同じことです。こんな検索では、すでにある素敵な教室も、まったく出てこなくなってしまうわけです。

最初に条件を挙げ始めると、それには該当しないけれど、自分と合う人や場所、出会いがあるはずなのに、条件が先行してしまうと出会いが制限されてしまうのです。

自分はイケメン先生に教わりたいと思っていたけれど、そうでない場所に行ってみて、担当の人と全然性格も育ちも違うのに、仲よくなってヨガに楽しく通えることだってあるわけです。

まずは、人として素敵だなと思うところから恋愛って始まりませんか？
好きだなと思えることが、自分が一番美人になる秘訣です。

いい女は、恋で美人になるのです。

年収や職歴、家族構成や、家庭の状況などもちろん大切ではありますが、好きになればそれって気にならなくなったりするものです。

一緒に乗り越えようという話になるはずです。でもそこから始まってしまう婚活は条件重視になってしまいがち。失敗が多いと結局自信を無くしてしまい悪循環の可能性もありますよ。

相手の条件などを気にせず、人として素敵だと思えるところから、初心に立ち返ってはどうでしょうか。

婚活というと気が重くなるときは、友だちを100人つくるという気持ちで人の内面からスタートさせましょう。

そして、**いい男は恋で美人にしてくれる人。**素敵な恋をさせてくれるのがいい男ですが、男性は顔が重視になりがちです。

近年SNSなどで、女性のトップ画像やアイコンの写真で、最初に判断する機会が増えました。実際会ってみれば綺麗な人だと思えたのに、ネットの写真だと何も思わなかったという女性もいますよね。

外見から入りすぎてしまえば、男性もいい恋愛はできません。自分の欲が先行してしまうからです。

じっくり恋愛の期間を大切にして、二人の愛情をしっかり育むことで彼女はより綺麗になりますし、そんな恋愛の進め方をしてくれる男性がやはりいい男です。

好きだったら、関係なくなってしまうことも世の中にはたくさんあります。好きになってからその問題をちゃんと直視して乗り越えるのが正しい流れです。
楽しい恋愛のために、正しい順番を取り戻してくださいね。

Message

笑顔があふれている人は、
どんな人でも美人に輝く。
笑顔いっぱいの人生を自分で選んでいくこと

いい女は楽しく話す
いい男はひたすら聞く

将来どんな夫婦になりたいかを考えてみるとき、

「いつまでも仲がよくて、おじいさんとおばあさんになっても手を繋いで、幸せに暮らしていきたい」

と、そんなふうに思いますよね。

ほぼ全部のカップルがそう思って結婚していくわけですが、実際にそんなにラブラブなまま生涯を終える人たちは、きっと結構少なくて、恥じらいやドキドキもなくなって、いつしか会話もなくなっている家庭もあります。

あなたは将来、どんな家庭を築きたいですか。そして、どんな一生を終えたいでしょうか。

仲がよく、幸せな家庭を築いていくために大切なのが「会話」です。会話は、日々のコミュニケーションの中で大切な役割を果たしているのです。

なるべく変なすれ違いを避けて、楽しく大好きな人と生きていきたい。そのためには、「会話を欠かさないこと」が重要です。

中年の夫婦なのに、ずっと恋人のように顔を見つめたり笑い合ったりしているラブラブな夫婦は、会話が途切れません。

逆に、冷めている夫婦には、びっくりするほど会話がありません。会話がないと近況も、今何を考えているのかもわからないし、お互いを理解しようという気持ちは薄れます。

会話の量で将来どうなるか予測できるくらい、会話の量は大切な指標なのです。

どんなカップルも最初は会話がたくさんあります。

関係が浅いときは、コミュニケーションをとろうとお互い気遣って、嫌な会話を避けて、楽しい話をしようと心がけますよね。

この気遣いがどんどんなくなると、気づかないうちに相手にとって嫌な話をずっとしてしまうことがあるのです。

男性は、気を抜くと話す努力をやめてしまいます。女性は、気を抜くとすぐに愚痴をこぼしたり、悪口を共有することが増えてしまいます。

男性はずっと黙って好きなことをやり始め、女性は不満ばかり口にしてしまうというループに入ると、二人の関係はどんどん悪くなってしまいます。

ですから、**いい女は聞きたくない話をしません。楽しげに、ご機嫌に、話をするのです。**

まず「嫌な話をしない」というクセをつけてみてください。

それだけで一気に会話のコミュニケーションは改善されます。楽しげでご機嫌に話していると内容もそのように変化してきます。

人は、筋肉と感情が連動しているので、楽しげに話しながら暗い内容は話しにくいようになっているのです。眉間にしわをよせながら楽しい話はできませんし、バンザイしながら悲しい話もできません。

男性の聞きたくない話をそもそもしない。そんなクセをつける。それがいい女の気遣いです。

女性も憧れるような、優しいお姉さんも、素敵だなと思うマダムも、みんなご機嫌にお話をしているはず。その姿だけで、こちらが幸せになってしまうほど、その力は偉大なのです。

逆に男性は、女性の話に対しては、ただ楽しそうに聞いてみてください。**いい男は聞き上手です。**ニコニコして、聞いてあげるだけで大丈夫です。

悩みを聞いたとしても解決策を伝える必要はありません。気を抜くと、話を聞くことすら面倒になってしまうので、楽しく聞くことから、意識してみてください。

ニコニコとただ話を聞いてあげれば、「彼は私を愛おしく思ってくれているのだ」と、彼女は理解することができます。

二人の中で会話が減ってきたら、男女とも、「ご機嫌に話す、聞く」という姿勢を大切にしてみましょう。それだけで、二人の雰囲気は格段に変化するはずです。

仲良しのカップルを思い浮かべながら、それをモデリングしていくのです。内容に共感できなくてもニコニコしていることで、相手のことを自然と思いやれる自分たちになります。

相手への気遣いを努力していけば、それにも自然と慣れていくものです。会話をする努力をして、それをクセにしてしまうことで、ラクに幸せにコミュニケーションを取っていくことができるのです。

Message

生涯ずっと手を繋いで
幸せに生きていく秘訣、
それは、会話を大切にすること

いい女は愛される自信がある いい男は愛し抜く自信がある

朝のワイドショーで、50代の夫婦が街頭インタビューに答えていました。

インタビュアーの「夫婦円満の秘訣は？」という問いに、奥さんが「だって大好きだからねぇ、お父さん（旦那さん）が私のことを」と笑いながら言ったのです。

すると旦那さんは、「あはは」と楽しそうに笑って、奥さんが旦那さんに「ずっと大好きなんだもんね、私のこと」とニヤニヤしながら聞くと、旦那さんは「そうだねぇ」とまた照れながら笑っていました。

いろいろな夫婦がいるけれど、こんな夫婦は素敵だなと思った朝でした。

恋愛の悩みとして、細々とした理由はありますが、ほとんどの場合が「別れるべきかどうか」というところにたどり着きます。

「彼の愛情が減った気がする。もう別れたほうがいいのか」「コミュニケーションが減ってしまって楽しい関係ではない。新しい恋がしたい気分だから別れるべきか」「この人と一緒にいないほうがいいのではないか？」という疑念が湧いてしまい、ふと別れを考えてしまうことがあります。

でも、終わらせることは簡単で、終わるべきものは勝手に終わっていくものです。悩んで迷うくらいなら、続ける努力をおすすめします。

いい女は愛される自信があります。

ワイドショーの奥さんのように、「絶対に別れない」って心から思える状態が「愛される自信」です。

今、自信がない人は、「続けること」を選択してみましょう。

頑張って続けた先に受け取れるプレゼントが自信なのです。

長い期間かけて自信を構築していく気持ちでいてください。時間をかけて築き上げた自信は一瞬では崩れません。

一瞬で得た自信は、簡単に崩れてしまうのです。確固たる自信は、人生の先のほうに待っているのかもしれません。


長く続けることは、大切なことのひとつだと思います。

簡単なことではないけれど、いろいろなことがあっても、それを諦めないということに繋がります。

このご夫婦も、いいときも悪いときも、一緒にいたからこそ、今こうやって楽しく笑い合って日々を送っているのでしょう。

辞めなかった先に得られるものが、自信になるのです。

いろいろと悩みながらでも続けたものが、最終的に自信になるのです。

小さい頃に嫌々やった習い事も、楽しくないと思っていた習字も、ずっと続けて大人になったとき、自分の自慢できることになっていたりしますよね。

「続けること」とは、彼との関係を諦めないことです。

長くいればいるほど、それがのちの自信に繋がるとわかっていれば、もう少し一緒にいようと思えるはずです。

将来、愛される自信を持ったいい女になるために、今の彼と一生一緒にいるんだと、考えがブレないようにしていきましょう。

そして、**いい男は愛し抜く自信がある人です。**

この旦那さんのように、いい男はなんだかんだ言ってもひとりの人を愛し抜ける人。これも続けることで得られる自信かもしれません。

ひとりの人を愛し抜くとは、そんな重いことではありません。

「この人しか理解者はいない」と思うこと。これは、ニューヨーク州立大学の研究で、パートナーを一途に見ることが、幸せな結婚生活を維持するうえでとても大切だという結果があります。

研究者は、222組のカップルを対象に、自分のパートナーと自分自身のさまざまな点を評価してもらう調査を3年間にわたって何度か行ない、その結果、パートナーの性質を理想化する人のほうが、一緒にいることに幸せを感じ続けていたと言います。

いろいろ見えすぎたとき、大きく捉えて見るのがおすすめです。

「いろんなことがあったね」と、人生の最後で笑い合える関係になるためには、長い期間を一緒に過ごし、お互いがそれぞれの自信を持つことが大切ですね。

Message

**見つめ合うからこそ続いていく。
お互いが前ばかりを見すぎず、
見つめ合う時間を大切に**

いい女はダメな部分も見せる いい男はダメな部分を愛する

皆さんはヤマアラシのジレンマを知っていますか？

身体にたくさんのとげを持ったヤマアラシは、寒いときに身体を寄せ合って温まろうとします。しかし、鋭いとげがあるので、身体を寄せ合うとお互いにとげが刺さり、傷ついてしまいます。寒いのに近づけないジレンマがあるのです。

近づきたいのに近づけないジレンマってありますよね。

「恋人と深い関係になりたいのに、なかなかなれない」と、思っている人たちは、もしかしたら、このヤマアラシのジレンマに近い状態かもしれませんね。

いい女は自分のダメな部分を見せられる人です。

ヤマアラシにとって、ダメな部分はきっと、とげがないお腹の部分です。美しい針の部分や、強い部分だけ見せていると、距離感を縮められません。

ヤマアラシはとげの部分だけがいいと思っているのです。「お腹の部分を見せたら、どんなことになってしまうんだろう」と、怯えながら生きているのかもしれません。

でも、お腹の部分も可愛いし、きっとモコモコしていて、実は一番愛らしい部分だったりするのです。お腹の部分を見ることができたとき、なんだか幸せな気分になります。

自分が磨いた部分や自分の自慢できるところは、もちろん素敵だけれども、自分が自信のない弱い部分も魅力的だと伝わったでしょうか。

いい女は「ダメなところだってあるんだけど、そーゆーのも仕方ないよね！」と、自分のダメな部分をポジティブに捉えています。

「お腹がプニプニしていたっていい。頭が少々悪くたっていい。とげがない部分も私なの」

そんなふうに開き直っているヤマアラシさんのほうが素敵ですよね。

いい女は自分がダメだなと思っているところでもちゃんと見せられるのです。つまり、それは、自分を上手に出すことでもあります。

悪い部分によって自分が嫌われるかもしれないと恐れることもあまりしません。お腹を出して仁王立ちしたヤマアラシを想像してみてください。さらに自信満々に映りませんか?

そして、**いい男は、女のダメな部分を見ても怯みません。**

なぜなら、それがその人の本当の魅力なんだと理解できるからです。

見た目は美しく完璧そうな女性なのに、おうちが汚くて、素の部分を見たときに怯んでいると、せっかくの魅力的な部分が台無しです。

相手の意外な一面や、弱い部分を見たときに、「その部分も素敵だね」と言ってあげられる男性はいい男ですね。

自分を上手に出していく作業は、のちのち恋愛関係においても親密な友好関係においても大切になってくることです。自分のコンプレックスを、溜めずに先に言えばとてもすっきりしますし、意外と周りはなんとも思っていないことを実感することができるはずです。

なんでもすぐにためらわずに告白してしまうほうが自分も生きやすく、そして、自分をわかってもらえて快活に関係性を築ける、そんなことに気づけるかもしれません。

Message

ダメな部分は愛されるポイント。
欠点をも長所と捉えてくれる人といれば、
もっと幸せに生きていける

おわりに

さて、皆さんどうでしたか？

何か自分の恋愛に活かせそうな項目は見つかったでしょうか。

書籍のテーマである〝恋愛〟は、世の中でたくさん書き尽くされてきた題材だと思います。そんななかで、今回このようにかたちにできたことは、とても嬉しいことでした。最後までお読みいただいたみなさん、ありがとうございました。

恋愛本って、置いてあるだけでお守りみたいな気持ちになって、私は好きでした。いろんな恋愛本があるなかで、装丁が可愛いというだけで恋愛本ばかり買っていた頃もあったくらいです。皆さんにとってこの恋愛本はどんな一冊になったでしょうか。

私自身、いろいろな恋愛本を読んできました。なかでも高校生のとき、『話を聞かない男、地図が読めない女』という本を見つけて、男女には大きな差があるのだと驚きました。

日本では2000年に翻訳され出版された本ですが、今でも売れ続けているベストセラーの一冊です。私も大好きな一冊で今でもよく読み返します。

男女が大きく違うのだと知ることができれば、自分がなぜ悲しく感じてしまうのか理解でき、悩みがスッと軽くなるのです。私はこの本をきっかけにして、いろんな恋愛本を読むようになりました。どの本がきっかけになってもいいけれど、本書が誰かのきっかけの一冊になれば、なお嬉しく思います。

どんなに性格がいい女も、どんな美貌の持ち主でも、恋愛で悩まないということはきっとないのではないでしょうか。私の好きな女優であるオードリー・ヘプバーンも恋愛には悩みました。だからこそ、素敵な表現、素敵な考え方にたどり着いたのかもしれません。恋愛によって人生も生き様も変化するものですよね。

恋愛が充実していれば、仕事が辛くても、自分の家族とあまり相性が合わなくても、乗り越えていけます。恋愛ってそれくらい大きな力がある、心の癒やしになるものだと思います。

特に、本書で取り上げたような、恋愛初期のすれ違いを減らし、伝え方を工夫して効率よくわかり合うことができれば、幸せな時間はずっと長く続くはずです。結婚してもしなくても、子どもがいてもいなくても、恋愛の初期のようなワクワク感やドキドキ感があれば、どんなかたちでも心温まる毎日を過ごしていけるはずです。

本書には、私自身がどんなときでも使っていきたい恋愛のルールを詰め込んでいます。恋愛が上手くいって、忘れた頃にまた読み直して、楽しい恋愛ができるための初心を取り戻す一冊として活用いただけたら、こんなに嬉しいことはありません。

あなたが幸せでいることは、あなたの大切な人をも幸せにすることです。悲しい時間を1分でも減らすお手伝いの一助となれば幸いです。

2018年7月

いい女.bot

参考文献

- 『共感する脳、システム化する脳』サイモン・バロン＝コーエン著、三宅真砂子訳、NHK出版
- 『愛する二人別れる二人』ジョン・M・ゴッドマン＆ナン・シルバー著、松浦秀明訳、第三文明社
- 『ジョン・グレイ博士の「愛される女」になれる本』ジョン・グレイ著、秋元康監訳、三笠書房
- 『恋愛脳』黒川伊保子著、新潮社
- 『脳科学的に正しい恋愛脳の作り方』黒川伊保子著、KADOKAWA
- 『恋愛の科学』越智啓太著、実務教育出版
- 『話し方を変えると男と女は、うまくつき合える！』伊藤明著、三笠書房

［著者］
いい女.bot（いいおんなぼっと）
学業と並行して心理学の資格を取得し、そこで得た学びをもとに2012年5月から「いい女になるための心にささる一言」をテーマにTwitter内で作家活動を開始。現在フォロワー数は31万人を超え、10代から50代までの幅広い年齢層の女性から支持を受けている。また、ロッテやソフトバンク、ディズニーなどともコラボレートし、話題に。著書に『いい女.book 磨けば磨くほど、女は輝く』『いい女.diary』（ともにディスカヴァー・トゥエンティワン）などがある。

いい女.love いい恋愛をするたったひとつの条件

2018年7月11日　第1刷発行

著　者——いい女.bot
発行所——ダイヤモンド社
〒150-8409　東京都渋谷区神宮前6-12-17
http://www.diamond.co.jp/
電話／03･5778･7232（編集）　03･5778･7240（販売）
装丁————山田知子（chichols）
本文デザイン—大谷昌稔
製作進行——ダイヤモンド・グラフィック社
印刷————堀内印刷所（本文）・加藤文明社（カバー）
製本————ブックアート
編集担当——武井康一郎

ISBN 978-4-478-10604-4